Lorenz Filius

Konfektionsgedanken

Tage von der Stange

Gedichte
mehr zum Erfassen
denn zum Lesen

Zweite, überarbeitete Ausgabe

Impressum
Filius, Lorenz: Konfektionsgedanken
© Lorenz Filius, 2011/2019
Herstellung und Verlag: BoD - Books on Demand, Norderstedt
ISBN: 978-3-7504-3638-1

Bibliografische Information der Deutschen Nationalbibliothek
Die Deutsche Nationalbibliothek verzeichnet diese Publikation in
der Deutschen Nationalbibliografie; detaillierte bibliografische
Daten sind im Internet über http://dnb.d-nb.de abrufbar.

… Ein Tag ist wie ein Kleidungsstück. Mal kühl und frisch bedeckt er heute unsern warmen Schlaf, mal lau verschwitzt verklebt er morgen eine schwer durchwachte Nacht. Zuweilen ist er einfach nur ein Kleid der Pflicht, um Träumen ihren Exhibitionismus zu entziehen. Nur hier und da befindet sich ein feiner Zwirn darunter, der uns festlich einschwört auf geläuterte Gedanken und Momente. Meist jedoch erwischen wir ihn wie ein Hemd im Spind von einer endlos langen Stange. Sein Muster wirft dann Fragen auf, schon hundertmal getragen, doch fast immer ohne jede Antwort seines unbekannten Schneiders, der uns zwingt, die Dinge so zu nehmen, wie sie sind. Allein der Blick zum Spiegel wirft die Reflexion in den Geschmack und damit in die Möglichkeit, die Mode schön zu finden - oder nicht … Tage von der Stange sind wie Chancen ohne Zukunft oder Zukunftslichter für die Chance.

Lorenz Filius

Inhalt

Konfektionstage

Konfektionstage

Aschermittwoch und Co.

Die Glut ist zu Ende, verzundert der Stolz,
der Ruß spricht nun Bände von dem, was zerschmolz.
Verbrauchtes wär' fort, doch Verbratenes stinkt,
nur Zeit stützt den Ort, der ums Leben nun ringt.

Noch schillern verpuffende Jecken im Rauch,
schon hämmert der rufende Speck unterm Bauch,
vergrätzt liegt das Schweben den Zwängen zur Last:
Warum folgt dem Leben verleidende Rast?

Extreme beschlagen die Herzen mit Kraft,
den fastenden Tagen wird Sinn so verschafft,
im Zyklus ergibt sich ein Zahnrad als Lot,
die Lücken gemütlich, von Zähnen bedroht.

Vibrierend bewalzend im Auf und im Ab,
war immer schon schnalzend, wer Zuckerbrot gab,
es sind Traditionen nicht Antrieb allein,
ihr Umtrieb, zu thronen, hält Trieblose klein.

Ohrwurm

Mein Ohrwurm hat genüsslich
einen andern Kopf bezogen,
ohne meinen zu verlassen.
Seitdem beginnt verdrießlich,
nun am gleichen Strang bewogen,
mein Gesang das Lied zu hassen.

Rüstige Welt

Während auf den Bällen dieser Welt die Eintracht tobt,
eben noch als Werkzeug gegen Unvernunft gelobt,
hangelt diese unterschwellig hin zum nächsten Krieg,
hüben wird gesoffen, drüben trinkt das Blut den Sieg.

Große Politik entkernt Betroffenheit aus Not,
schaut nicht gern zurück, sonst würde vorne sie bedroht,
eingefleischte Menschlichkeit verzehrt den Widerspruch,
kaut man ihn zu lange, hat der Frieden Mundgeruch.

Werfen unsre Mondgesichter fragend ins Kalkül,
schielend sind wir Showtrabanten, fokussiert auf viel,
jeder Blick ein Lichtlos, eine Niete für die Welt,
weil den Hauptgewinn die Lotterie für sich behält.

Schweine

Wird ein Schwein vertrieben,
werden andere es lieben,
Stallgeruch verpflichtet,
denn wer weiß, wer wen sonst richtet?

Frei zerfällt die Meute
in die neu verteilte Beute,
glaubt, die Welt wird bunter
und erlebt ein blaues Wunder.

Unabhängigkeit *(von der Flucht vor dem Mainstream)*

Es ist das zähe Ringen
um die Unabhängigkeit;
ich hör die Krähe singen,
weil mein Kopf sie nicht befreit.

Aus Nebeln zwängen Lichter
mir Geschlossenheit ins Hirn,
zur Nacht bedrängen Richter
mit Verriss gebot'ne Stirn.

Dann trau ich immer wieder
dem Gedankenkarussell,
Bezwinger schlimmer Lieder
dreht die Umsicht milchig hell.

Und komme ich zum stehen,
weiß ich nicht mehr, wo ich bin;
ich muss die Welt nicht sehen,
denn sie steckt noch in mir drin.

Klone Royale

Für nichts der Lohn,
ein alter Thron -
ein neuer Klon,
zum Klonen braucht es frischen Ton;
daraus ein Sohn
im Jubelfron;
das Volk trägt Ablenkung davon.

Comedy

Getingelter Witz erbettelt sich Einlass,
um Backstage sich abzuhaken.
Gespiegelter Sitz, als Publikumsbypass,
vergrößert das Lacherlaken.

In lustloser Hast zerfleddern die Schoten
Gesichter zu Arbeitsmimen.
Der Brotlose passt erzwungene Zoten
in spiegelnde Eintagsstimmen.

Die Grenze zerfällt, wenn alle zerrissen
das Lachen am Boden suchen.
Von Unfug umstellt, braucht niemand zu wissen,
wo Heimwege Alltag fluchen.

Geschwätz im Netz

Das Erlebnis eines Menschen -
in Sekunden von Momenten
keiner wahren Interessenten -
schlägt nur Löcher in die Maschen
eines fischerlosen Netzes
in den Meeren des Geschwätzes,
wo im Türmen der Relikte
diese Überflussantike
ohne Tiefseeüberblicke
sich als Weltenwunder sieht.

Nachtgedanken

Wenn's dunkel wird, treiben mich Lichter durchs Zimmer,
sie hüpfen den Tag von Moment zu Moment,
dazwischen Gedanken: wird's besser wird's schlimmer;
von Schatten umwobenes Freiheitsfragment.

Sie spinnen im Flackern der letzten Minuten
Gerüchte, Gespinste und stillenden Mut
zu alles verknüpfenden Planungsstatuten,
in denen nicht selten die Einbildung ruht.

Das Wachs nährt die Flammen, die mich noch verführen,
und doch ist es untreu im schmilzenden Schwund;
es tut so, als ob mich die Bilder berühren,
es legt sich gar selbst als Verschwendung zugrund'.

Schon windet Vergessen die Zweifel um Dochte,
ein Duft, der die Sinne in Auflösung taucht;
erweckt aus der Zukunft vergangener Orte,
der letzte Gedanke zu Bette mich raucht.

Spendenmüdigkeit

Dem Willen, zu geben
folgt Lächeln im Glauben;
die Stille nach Beben
lehrt Hecheln, zu rauben.

Von Wehmut der Herzen
zu Händen auf Lauer,
kann Demut verschmerzen
das Schänden der Schauer.

Vergebend das Jammern,
verplombt neue Tage;
verlebend in Kammern,
verkommt alte Plage.

In eurer Natur

Ihr dürft weinen, soviel wie ihr wollt:
Nie wieder Krieg!
Ihr dürft fordern, soviel wie ihr wollt:
Wehret den Mord!
Ihr dürft schreien, soviel wie ihr wollt:
Das ist der Sieg!
Ihr seid Menschen, soviel wie ihr sollt,
glaubt euch hinfort.

Sensationslust

„Tempo runter!", unkt das Smiley
einem Blaulicht hinterher;
wie die Sphinx dem Tor zur Warnung,
der Gewarnte lebt nicht mehr.

Abgetropfte Plastikfetzen
zieren Freiheit auf Asphalt;
und den Schaum des Traums vom Rasen
lässt das Blut darunter kalt.

Die Kontraste sind verwaschen
und ihr Anblick nicht mehr heiß,
der Geruch verstockt den Atem,
Aggregate surren leis'.

In der Ruhe liegt ein Wahnsinn
eingebettet ohne Kraft,
letzten Herzschlag hinter Tüchern
hat das Risiko geschafft.

Gaffer fangen an, zu frösteln,
fade wird die Sensation,
sind allmählich heim gegangen:
Wen entzückt der Rest denn schon?

10 Jahre später

10 Jahr' später ist die Hälfte tot,
schnelllebig das Showtime-Aufgebot;
junge Leute noch im alten Land
hab ich heut' auf neuen Schirm gebannt.

Meinen Bändern läuft der Abend fort,
die noch leben, sind schon nachher dort,
nur Erinnerung verblüfft die Nacht,
die kein Halten vor dem Sterben macht.

Könnten jene in die Zukunft seh'n,
dass man sie noch immer will versteh'n,
wären sie vielleicht noch nicht so alt,
und die Paparazzi unbezahlt.

Mit Beginn des elften Jahrs zerreißt
ein Gesicht, das sich im Film beweist;
bin nicht anders als die Sensation,
lauf um Mitternacht mir selbst davon.

Verbraten *(von der medialen Kick-Besessenheit)*

Übers Ziel hinausgeschossen,
einer dieser Todeskandidaten,
Garantie nie ausgeschlossen,
Heuchler hinterher den Kick beraten,
zu viel Geld für Blut vergossen,
spielt sich wieder ein bei guten Taten;
ist das Opfer nicht verflossen,
lässt es sich als Weihrauch noch verbraten.

Vorsätze

Den Vorsatz soeben ins Sektglas geschüttet
und Lippentheater vom Nippen zerrüttet,
vergießen sich Perlen im Schwall der Kohorte;
im Zwinkern beglaubigt ein Lächeln die Worte.

Verlegenheit lässt sich vom Schweigen zersetzen,
genötigt, die hehre Verdammnis zu hetzen;
gemildert verknüpft - noch mit Echo im Munde -,
das Leeren der Fülle von Ohnmacht der Stunde.

Was bleibt, ist der Rest in besprochenen Gläsern,
verdunstende Sätze in wachsenden Gräsern;
geschlagene Floskeln zur Füllung der Lücke
sind wie eine Flussbett verfolgende Brücke.

Schrottkopf *(von Meinungen und ihren Machern)*

Im Schrottkopf hächselt Meinung die Gesinnung,
ein Wutpfropf führt zur lähmenden Umspinnung.
Das Zahnrad zum Zermartern der Gedanken,
ein Formblatt, weist den Sinn in enge Schranken.

Es läuft als Imitat im Originären,
darf lauthals mit den andern Schreddern plärren.
Doch einmal springt es aus dem falschen Lager,
am Stumpfsinn stirbt zerfetzt ein Denk-Versager.

Aufgeopfert

Verbraucht zerfällt sie in den Tag,
verlernt, die Augen zu versteh'n,
vergisst, zu mögen, was sie mag
und kann sich selber kaum entgeh'n.

Gepresst in die Notwendigkeit
der funktionalen Theorie,
vergräbt sie die Lebendigkeit
im Mythos ihrer Sympathie.

Die Zeit verlässt die Hoffnungsspur
und kommt zu kurz mit jedem Wort;
was zählt, sind Kompetenzen nur,
sind sie vollbracht, verwaist ihr Ort.

Am Fenster, manchmal ein Moment,
den hier der Tod, dort Koma schenkt,
er fragt das Lächeln, wen es kennt;
es weicht der Sicht, als dies sie drängt.

Freiheitszwang *(vom Schwimmen im Strom)*

Umgarnt von der Durchdrungenheit in Anonymität,
war immer jedermann bereit, zu tun, was er mir riet.
Hindurch geschleust von Tag zu Tag, kam jedes Wort zu spät,
die Frage, ob ich etwas mag, in Tatsachen verschied.

Kontraste in der Euphorie entfernten mein Zuhaus',
ich blühte in der Phantasie auf Feldern ohne Sturm,
im Hoffen um das Wissen: ‚Dort sieht alles anders aus'
trug mich die Überflutung fort als bodenlosen Wurm.

Anheimgefallen bin ich schnell der ersten Sensation,
doch wem ich auch davon erzähl, betäubt ist seine Ruh,
den Preis für die Befreiungstat bezahlt die Illusion:
Wer selbst den Freiheitsanspruch hat, dem hört auch Freiheit zu.

Pulverfasspolitik

Wohlmeinende Milchgesichter verfallen
dem Preisen des rauchenden Pulverfasses.
Hohl greinende Politbelichter bewerben
Geschwafel des trendigen Zündelspaßes.
Klug scheinende Knilchverpflichter verfeuern
die Ordnung des Demokratieerlasses.
Nie weinende Frustverrichter begammeln
den Jubel des hitzigen Luntenfraßes.

Camping *(von der Pflicht zur Obdachlosigkeit)*

Sie hausen im Vergangenen
und denken an die Heimat,
die Campingstadtgefangenen
als Krusten ihrer Kleinstadt

Getrieben aus der Tradition
in Sicherung durch Banken;
das Schuften war für deren Lohn,
zur Lockerung der Schranken.

Zuletzt verblieb geplantes Glück
versteigert nur als Kleinod,
wer dort einst lebte, fiel zurück
und galt fortan als scheintot.

Die kleinen Sphären hinterm Wald,
noch nicht ganz unterschichtig,
doch recht und Ordnung lässt dies kalt,
macht Armut armutspflichtig.

Asyl, wem Obdach nicht gebührt,
in amtlicher Verwaltung,
das Wohnmobil zuletzt entführt,
die Lichtung wahrt die Haltung.

Schicksalsspur *(von Spuren ohne Wiederkehr)*

Mein Gang zur Nacht durch eine Spur,
vom Schicksal in den Schnee geschleift,
verfolgt den Weg nach Hause nur,
ich bin gespannt, wohin sie schweift.

Ich stapfe angeheitert fort
und such im Spiel der Tritte Fall,
ich stoß' hinein, bleib nicht vor Ort,
doch schenk ich jedem eine Zahl.

Nicht weit entfernt von meinem Haus
verliert die fremde Spur mein Ziel,
dort weichen Schicksale sich aus,
noch denk ich mir dabei nicht viel.

Geh ich voran, bleib ich in mir,
ein Ding, das selbstverständlich ist,
doch Laune liegt in zu viel Bier,
die meine Ignoranz vergisst.

Verworfen finde ich ein Los,
beendet einen Tag im Nichts,
vom Schnee umkauert liegt es bloß
im Froste seines Angesichts.

Gezählte Schritte sind die Zeit,
für mich ein Spaß zum Übergeh'n,
für den, der liegt, ein Kampf ums Leid,
den ich gewann, ganz aus Verseh'n.

Die deutsche Tanne *(von Festen ohne Sinnverstand)*

Ist die deutsche Tanne gerade,
schmeckt die Weihnachtsschokolade,
ist sie eher schief geboren,
bleibt das Fest nicht ungeschoren.

Unters Keifen aus der Küche
mischen sich penible Flüche
aggressiver Sägespäne
neben erster Kinderträne.

Bis zur heil'gen Nacht sind's Stunden,
doch der Ehrgeiz nicht verwunden,
jeder Schnitt macht Träume kürzer,
Hysterie als Mahlverwürzer.

Kleine Sorgen nerven große,
fallen Mama in die Sauce,
tief im Baum droht der mit Schlägen,
der nicht weiß, wohin noch sägen.

Ehe die Geschenke prahlen,
weit're krumme Äste fallen,
und die Glotze drängt das Warten
in ein festliches Entarten.

Endlich ist das Lot gerettet,
stolz sich Schweiß im Anzug bettet,
nur der Bildschirm hat jetzt Ruhe
beim beschaulichen Getue.

Stille Nacht in allen Mündern,
kurze Pracht verzückt das Plündern,
kaum noch höher als der Haushund,
der markiert die Norm aus Holzschwund.

Ablenkungsmanöver

Das Land hat Seelen längst verlor'n,
verfüttert zu viel Überdruss,
noch ist der Ärger unverfror'n,
weil er die Freude lügen muss.

Der Druck gibt kaum die Lage preis,
was folgt, ist Unzufriedenheit,
der Ärger laut, das Weinen leis',
bis etwas die Nation befreit:

Von Fern ein schickes Schicksal klagt,
facht hier die Schicksalslosen an,
gerührte Seligkeit nur tagt,
dass man für Fernes beten kann.

Im Bangen zeigt sich groß das Herz,
sich an der Güte zu vergeh'n,
spendierte Leere an den Schmerz;
kämpft dort, muss hier nicht widersteh'n.

Letztendlich hat die Schau gesiegt,
das Unheil geht, der Tod gewinnt,
der müde Ärger brach nun liegt,
wenn man geborgter Schuld entrinnt.

Der Klatscher

Der Klatscher steht im Mittelpunkt
der eigenen Verdrossenheit,
als vorne einer Weisheit prunkt
mit fordernder Geschlossenheit.

Frenetisch schmettern Hände Lob,
in sie gelegt ein ganzer Mann,
der sich ansonsten kaum enthob
dem Wollen, das nicht sprechen kann.

Es schwindet die Verständlichkeit,
wozu die Kraft im Arm noch liegt;
aus der Applausbequemlichkeit
Gewohnheit Sinn im Schwung erschlägt.

Das Maul hängt offen in der Luft,
im Kaugummi Verständnis ringt,
mal rechts und links den Blick versucht,
Bestätigung zum Himmel stinkt.

Die Bühne ist schon längst verwaist,
hinfort getragen ihre Show,
und der am meisten war entgleist,
ist immer noch ein wenig froh.

Ach ja, verseufzt es ihn in Ruh,
bewundernd nickt er vor sich hin;
dem Klatschen hörte er nur zu,
um sich den Worten zu entzieh'n.

Schirmherren

Das Pflaster schluckt die Toleranz des weggedrückten Blicks
und füttert seinen Gassenschwanz mit Abfall des Geschicks.
Voran gespült der Schuhe Gischt aus unverdautem Tag,
sind Schirmherrn Opfer ihrer Pflicht, die nur der Regen mag.

Der Weg wringt die Gedanken aus, die Sonnenschein nicht trennt,
der Filter zwischen Schirm und Haus fängt auf, was er schon kennt.
Sie spülen als Archiv der Welt die Heimlichkeiten fort,
vertrocknet, was sich besser hält, bringt Ordnung in den Hort.

Besonnenheit nickt dann und wann aus kompatiblem Gruß,
von oben sind die Schirme plan, dem Absatz traut der Fuß.
Bestätigt nimmt der Abend sie in seinen dunklen Arm,
verstoßen, was der Tag nie schrie, es hält das Pflaster warm.

Das Lauschen auf den stillen Fluss, der vor dem Fenster treibt,
beruhigt, weil er nun kühlen muss, was auf der Strecke bleibt.
Die Fluchten scheinen menschenleer, doch Schritte liegen brach,
sie waren Tags unendlich schwer und halten Nächte wach.

Gnadenfristen *(von der Todesstrafe)*

Rasend jagt die Meute hinter Recht und Ordnung her,
Ehrlichkeit der Häute rächt den Hunger mit Verzehr.
Langsam stirbt das Harren seinen Tod im Souverän;
bis sie wen verscharren, müssen Gnadenfristen geh'n.

Spiele mit der Qual vertreiben Tatenlosigkeit,
Ohnmacht vor der Wahl erhofft sich selbst die Gnadenzeit.
Der erreicht das Ziel, der Wünsche von den Lippen liest;
Politik im Spiel, das Blut ins Spielverderben gießt.

In der letzten Nacht fährt ein der Schlauere den Sieg,
der ihn hat vollbracht, schickt alte Regeln in den Krieg.
Einer stirbt für alle und verteidigt die Nation,
bis zum nächsten Male findet sich ein Mörder schon.

Ein kurzer Bann

Ein neues Stückchen Weihnacht
nimmt sich dunkler Tage an;
der Kerzenkampf um Allmacht
flammt nur auf im kurzen Bann.

Wie Hoffnung sinken Flammen,
Docht um Docht verjubeln sie;
im Wachs der Nacht gefangen,
was im Jahr so kurz gedieh.

Es regeln Emotionen,
von der Sachlichkeit bedrängt,
nur Spielzeugintensionen,
weil man sich doch etwas schenkt.

Wie Küsse schwinden diese,
wenn die Neulust alt verblasst;
der Träumer Frustdevise:
Stets zu hassen, was sie hasst.

Wir fressen Dreck

Wir fressen Dreck seit eh und je,
der Grenzwert dient als Sicherheit,
verdaut das unbekannte Weh,
was Gott allein in uns befreit.

Der Katastrophenfall ist fair,
er setzt die Regel außer Kraft,
wir fressen einfach etwas mehr,
was ungeahnt Geschäfte schafft.

Den ersten Kranken außer Norm
hat die Statistik neu geeicht,
sieht zuverlässig und konform
zur Halbwertzeit und macht sie seicht.

Und schon erleichtert sich das Herz
der Menge, die es nicht betrifft;
genügend übrig zum Kommerz,
mit dem man Supergaus umschifft.

Der Rest aus altem Sachverstand
verliert salamigleich den Strang;
wir fressen Dreck aus feister Hand,
verfüttern uns ein Leben lang.

Geschenke

Die Schleife würgt den Schmuckkarton,
umfassend Einfallslosigkeit,
ein stinkend teurer Duftflacon
aus billiger Verlegenheit.

Das Lächeln, das es dir verspricht,
ein aufgesetztes Ungetüm,
es leuchtet nur im Dämmerlicht,
dann ist es später schnell verzieh'n.

Noch hadert deine Ungeduld,
die nicht mehr glaubt und nicht mehr wünscht,
man kann's ja tauschen ohne Schuld,
wenn ein Parfüm das andre tüncht.

So grinst sich deine Ächtung müd',
an einem Bandwurmdank entlang,
entgehst Enttäuschung, die dir blüht,
vom Schenkenden mit Achtungsdrang.

Dossierfreundschaften *(von Erfüllungsgehilfen)*

Freunde, die zum Ruhm getreten,
müssen um Vertuschung beten;
tritt das Kriechen erst zutage,
wird ihr Abziehbild zur Frage.

Um Gesichter zu bewahren,
sie sich um die Wichte scharen,
zu bekunden eine Treue,
der sich das Dossier erfreue.

Tritt die Peinlichkeit zutage,
ist sie doch kein Grund zur Klage,
denn der Stolz ist Dreck im Gelde,
wäscht hinweg der Freunde Schelte.

Also braust nur die Geschichte
alter Wahrheit nichts zunichte;
sind Empörungen verdrossen,
werden Störungen begossen.

Weihnachtlicher Budenzauber

Unter regnerischen Buden
krallen Leiber um die Tresen,
komprimierte Gänge fluten
Anoraks, die froh verwesen.

Süßer Duft schmilzt Mensch und Kinder
in das Fett zu Lungertrauben,
stanzt den Frieden in die Münder,
die dem Schweif des Sterns nicht glauben.

Ihre Beute quillt zu Füßen,
neben ausgekotztem Mitleid,
lässt um Einkaufstüten fließen
Notdurft in vergilbte Weißheit.

Weiter ab sind längst verschlossen
hinter Einbruchschutzverschlägen
christlich wohlgefeilte Possen
handgeschnitzter Kurzschluss-Segen.

Auch die Karusselle schlafen,
die am Tag Gemüter drehen,
ließen Lust mit Stumpfsinn strafen,
und dem Frust das Geld ausgehen.

Nur die Lichterketten würgen
eine Tanne mit Erhellung,
und ihr Tod wird rieselnd bürgen
für den Geist in Glühweinschwellung.

Nischen *(vom Hängen daheim)*

Der Silberfisch erträgt den Blick des Tages auf dem Rücken,
entfernt die Ungeduld und rettet sich vor dem Zerdrücken,
verschleppt die Starre meines Schweifens in die alte Nische,
in der die Zeit sich manchmal räuspert, wenn ich mich
verkrieche.

Erneutes Seufzen renkt die Glieder aus der Selbstumarmung,
ein Wundschmerz, der sich losreißt vom Vermessen schwerer
Tarnung, die Welt bewegt sich nur am Stück, die Einzelheit
verkümmert, der Steinbruch meines Handelns mein
Bedürfnisfeld zertrümmert.

Verschlepp den Vagabunden aus der Sohle seiner Kleinheit,
doch nur um ihn zu schützen vor dem Skrupel, der
hereinschneit, Versenkung um Versenkung wird bewandert
durch ihr Locken, darunter sucht der Silberfisch nach
Schuppen aus den Brocken.

Politische Bequemlichkeit

Aus der Bequemlichkeit der Schwere in den Köpfen
folgt Einvernehmlichkeit, die Leere nicht zu schröpfen;
die Unzulänglichkeit der Ehre kocht in Töpfen,
und Glatzengrämlichkeits Misere reißt an Zöpfen.

Aus einem großen Ziel, das länger andre hatten,
reicht uns den Rosenstiel der Fänger neuer Ratten;
was aus den Possen fiel, ist Dränger frischer Taten,
doch dieses Gossenspiel macht bänger als verraten.

Wer mit den Blicken sieht, wird wohl das Unrecht sehen,
wer mit Geschicken flieht, bleibt hohl im Rechtbegehen,
er singt ein Flickenlied ums „Soll" im Neugeschehen,
verkehrt, was ihm geschieht, zum Politikverstehen.

Fliegen

Schon wieder eine Fliege auf dem alten Käsebrot,
nur selten blieb dort lange, wem der Schimmel Brot nicht bot,
und doch verkrümelt sich darin beflügelt Unmanier,
denn an Gespinste aus der Fäulnis hängt sich gern das
Schmeißgetier.

Sie kommen und sie gehen, denn dort brüten sie was aus,
verschleppen ihre Erben durch das fade Freudenhaus,
aus dem, was appetitlich war, erzeugt sich ein Genuss,
der nur entstand, weil Übersattheit sah im Käsebrot Verdruss.

Primadonna *(von prima Donnas)*

Prima war dein Tränenpressen,
prima deine Angst vorm Traum,
prima lässt du dich vergessen,
prima schluckst du unsern Schaum.

Prima hast du abgeliefert,
prima hast du funktioniert,
prima das Produkt umeifert,
prima star-like kokettiert.

Prima passt der neue Knebel,
prima siehst du nackig aus,
prima drehst du nicht am Hebel,
Primadonna, geh nach Haus.

Selbstbeschädigung *(vom Einmischen in dummes Gespräch)*

Um üble Manier aus dem Dummkopf zu trümmern,
versuchen sich selbstlose Tropfe, zu kümmern,
sie treten ihr eigenes Standbild in Klumpen,
der Dummkopf erhebt darauf hin seinen Humpen.

Er lacht sich in Fäuste aus elendem Schlagen.
Was nutzt so der Menge der platzende Kragen?
Sie alle im schaurigen Schauspiel ein Schaubild,
dem keiner noch Gage ins hauende Maul spielt.

Man hätte die Ordnung des Tages gerettet
und nicht seinen Kopf in die Schlinge gebettet,
wenn Geradlinigkeit sich zerredet nicht hätte;
dann wäre vom Zerren nicht Abbild die Stätte.

Es bleibt dem Betrachter ein Nachgeschmack lecker;
das brüchige Schauspiel macht ihn zum Entdecker,
und während dort weiter noch Scherben verhandeln,
weiß Schläue, mit Umsicht auf Bühnen zu wandeln.

Zwangerbost

Ich verliere den Himmel unter den Füßen,
jeden Tag,
die Barriere der Tiefe lässt es mich müssen,
bis ich's mag.

Ich verkomme zu Stunden mit den Minuten,
ohne Ziel,
fall auf flehende Knie vor den Statuten -
totes Spiel.

Schmerzt das Drängen des Lebens in Illusionen,
schwitzt die Zeit,
wie viel Fass ohne Boden halten Dämonen
noch bereit?

Wenn die Tage versinken, sind die Konstrukte
Treibsand-Trost,
bis sie wieder mich drängen - was ich erspukte,
neu erbost -.

TV Formate

Der Bildschirm fasst das Schema F
in das Format der Stunde ein,
zu Mittagsnudeln mit Gekläff'
Duell der Zahnlos-Liebelei'n.

Gerichts-Show früh am Nachmittag,
aus märchenhaftem Gaunerspiel,
erlässt das Urteil Schlag auf Schlag
ins Wohnzimmer-Jawoll-Ventil.

Der schicksalhaften Krise spricht
der Fernsehpsychologe zu,
mit lebensnaher Schlichtungspflicht
schenkt dort der Profi weise Ruh.

Am frühen Abend kehrt sodann
ein guter Geist Erziehung rein,
man rief ihn einfach vorher an,
um auch im Fernseh'n mal zu sein.

Die Intellektualität
zur Nacht für den Besinnlichen,
der seinen Bauch mit Bier belädt
zum Talk aus schrecklich Dringlichem.

Die Frühprogramme drängen auf
Formate aus dem Deja Vu,
zu Planen einen neuen Lauf,
dass niemand müd' den Stecker zieh'.

Transparenz

Na wie geht es uns denn heute,
du aus der Patientenmeute?
Äskulapstab lässt sich locken,
dir zu sagen: Sollst nicht bocken!
Denn als Primus weiß ich immer,
du hast nix, es geht noch schlimmer;
nur die Kleinigkeit ist wichtig:
dass das Portemonnaie sitzt richtig.
Sind die Schmerzen erst in Butter,
wirst du Untersuchungsfutter,
und die Pein wird sich verlieren
im Gerät-Amortisieren:
Durchgezogen, umgekrempelt,
umgebogen, abgestempelt.
Du willst wissen, was ich machte?
Transparenz? Nun aber sachte.
Muss doch nicht die Kasse ahnen,
was wir nicht zusammen planen.
Diagnosen sind gefährlich,
deshalb meine Antwort spärlich:
Lass ein viertel Jahr verfallen,
gründlich Medizin bezahlen,
wir verhandeln dann Befunde
für die nächste Kostenrunde.

Ruhestörung *(vom Hass auf Feiern ohne Unterlass)*

Das Glück als Kunstgriff der Saison
verströmt den Hass zu mir herauf,
ein neuer Feierlärmballon
gefüllt mit Gas aus Rauch und Sauf.

Ich möchte fühlen, was dort lacht,
doch jeder Schwall zerfranst mein Herz,
es schlägt sich bis zur Niedertracht,
ich zwing' mich, zu versteh'n den Schmerz.

Der Dämmerschlaf bedrängt die Not,
in Zornes Schweiß nicht Rot zu seh'n -
im Countdown, der mit Ausfall droht,
zum Misanthropen zu vergeh'n.

Die Freiheit, die man mir nicht lässt
erklimmt mich selbst durchs Fensterglas,
die Flucht vor diesem feuchten Fest
macht nur Verfolgern wirklich Spaß.

Des Wolkenbruchs erhoffte Ruh,
bleibt immer aus, wenn man ihn braucht,
so tu ich selbst mein Teil dazu:
Ein Eimer Wasser mich entschlaucht.

Nostalgische Weihnacht

Heut träumt sie sich in Lichter, deren Buntheit sie verwirrt
und sucht nach Melodien aus dem Rhythmus, der nur klirrt;
die Straßenkunst, versilbert, spült den Silberstreif hinfort,
noch einmal fällt sie tief, um zu erhassen diesen Ort:

Der schwarze Mann war tot, wo sich der Weihnachtsmann gebar,
das Christkind ward nicht rot, weil unterm Rock ihm nichts geschah,
der heil'ge Schein ergoss sich durch das Grün aus finst'rem Wald,
der Glühwein wärmend floss - dann war der Vater nicht so kalt.

Die Nase drückte platt die Scheibe vor dem Kundenfang,
sie träumte sich dran satt auf stiller Flucht vorm Rachedrang,
die Wünsche kaum getraut, die nur durch Schmerz erfüllbar war'n,
vom Teufel umgebaut, um seinen Engel zu erfahr'n.

So weinen noch Gedanken durch die Kinderzimmernot,
gewiesen noch in Schranken, die die Unmoral gebot,
und als sie nicht verwindet, was sie lang verwundet hat,
verliert sich, was sie schindet, in der Angst vor dieser Stadt.

Aufgetischt *(vom politischen Fastfood)*

In der Mitte Gammelfleisch
eines Bratens durch die Zeit,
umgegangen und schon weich,
doch zum Austausch nicht bereit.

Wird gebettet in viel Schmant,
der Verwesungsdämpfe schluckt
und in Sülze neu gebrannt,
die Verdauung wider spuckt.

Oben drauf ein Käsestück,
schmilzt polemisch vor sich hin,
unten tropft das Blut zurück,
gibt als 'frisch' sich zu versteh'n.

Aufgeklebt ein junges Blatt
aus dem Glamour-Eissalat,
dieses Ding macht richtig satt,
sprachlos, wer das Maul voll hat.

Aufschwung *(noch mehr vom politischen Fastfood)*

Aufschwung sprudelt falsche Gelder,
Grinsekater schleichen feist,
Knallprognosen schmücken Felder,
wo das Wachstum Harren heißt.

Gläubig sind Gedankenväter,
wenn es Übrigkeit erzwingt,
und die Obrigkeit berät er,
der nach unten Jauchzen winkt.

Kurse malen Automaten
algorithmisch Zahl um Zahl,
kindisch, die Parkettsoldaten,
Herzinfarkt als Ideal.

Und die Unbedarften fragt man
nach dem Überfluss aus Harz,
der so kläglich ja nicht sein kann,
denn die Zahlen seh'n ja schwarz.

Talentshows *(von Gefahren für die Couchharmonie)*

Als der geköpfte Pudel endlich
blutleer Handstand machte
und das tätowierte Wunderkleinkind endlich
Mutters Backstage-Hysterie
zur Strecke brachte,

als Enthemmung krimineller
Fleischbeschaulichkeit endlich
Würgen lachte,
und die Jury sich
den Rock der Sopranistin endlich
kürzer dachte,

als wieder mal ein Schicksalsschlag endlich
in künstlerisches Vorfeld krachte,
und endlich Glutamat
in meiner leeren Tüte
Durst entfachte,

da stand ich auf und
goss das Kerzenwachs
des Dauerbrenners
in mein Glas,
orakelnd,
ob in nächster Woche
meine blinde Sofa-Kuh nach
Jahrzehnten der Verlobung endlich
nach der Lösung trachte.

Follow me *(vom folgenlosen Folgen durch das Netz)*

Der Onlinejubelfavorit
verfolgt sich selbst auf Schritt und Tritt
und reißt Verfolger tückisch mit
als digitales Bindeglied.

Momente werden eingereiht,
die jeder durch Routinen treibt,
ein Netz das spinnend sich beleibt,
der Redundanz nichts Neues bleibt.

Was cool ist, war schon immer kalt,
verspricht der Neulust kurzen Halt,
sie schmilzt sich eingefangen alt,
wer mitmacht, hat mit sich bezahlt.

So mancher, längst verlor'n darin,
besonnen oder schon dahin,
in jedem Fall mit Zugewinn
aus Input eitler Null-Doktrin.

Die losen Fäden, nie vernäht,
ein Überrest, der sich verrät,
das Glück am Zwirn, es kommt nicht spät,
es kommt gar nie, weil jeder geht.

Halbherz *(vom Frühling der noch keiner ist)*

Es regnet, und die Tropfen mild,
es warnt der Wind, doch ist nicht wild,
die Stimmung im Konflikt mit Sein,
nicht angemessen scheint der Wein.

Die Sonne kämpft mit neuem Dunst,
die inn're Uhr lähmt Lebenskunst,
die Tage kurz, doch viel zu lang,
zu dementieren keinen Drang.

Die Kinder spielen ohne Schrei,
und meine Frau ist nett dabei,
auch scheinen Katz' und Maus verschwor'n,
nur ich hab irgendwas verlor'n.

Von meinem Eindruck fast erdrückt,
ist es der Zwischenzeit geglückt,
dass nichts in meinem Schmunzeln lacht
und Beten überflüssig macht.

Es ist ein Schweben ohne Stoß,
missbraucht Gewissensbisse bloß;
sie haben Trägheit kultiviert,
worin sich die Natur verliert.

Kunde König abkassiert *(von Kassenautomaten)*

Lackiert steht an der Kasse
der Instruktor für die Masse,
beschäftigt die Bedienten,
die Bedienung musste schwinden.

Errungenschaft vertretend,
plappert er die Kunden knetend;
der Automat summt leise,
dummes Geld verschluckt er weise.

Das Lächeln des Gelehrten
werden Könige kaum werten;
sie plagt der Frust im Harren
hinterm vorgespannten Karren.

Dann traben sie von dannen
mit der Wut, sich zu bemannen,
doch sind schon bald vor Orte
wieder König ohne Worte.

Schwache Worte

Die Diskrepanz zerschellt im Wort,
ein Bollwerk, welches Wahrheit schweigt;
sie bleibt erfüllt an jenem Ort,
der niemals seine Karten zeigt.

Entsetzen dringt nicht in sie ein,
denn auch Affronts im Silbenrausch
vermögen nicht, real zu sein
im Stellvertretermeinungstausch.

Das Feld bleibt wüst und heiß die Luft,
mit vielen Zielen ohne Weg;
die Stimme, die ins Trugbild ruft,
ist für die Falschheit nur Beleg.

Der Rückzug in das Hinterland,
wo einzig Wahrheit Blüten treibt,
im Bann der vorgehalt'nen Hand,
die zuschlägt oder lieber schweigt.

Gönnerhafter Einzelgänger

Gönnerhafter Einzelgänger
stößt in eine Gruppe vor,
wahrer Kompetenzenfänger,
der sich innerlich verlor.

Ungewohnt der neue Umgang,
der ihn nicht zum König macht,
also zeigt er seinen Umfang,
achtet drauf, dass er nicht lacht.

Hier und da genießt er Staunen,
nur Affekte netter Pflicht,
manchmal trifft ihn auch ein Raunen;
seine Kunst das Eis nicht bricht.

Drum zerschlägt er's mit Verachtung,
denn er fühlt sich nicht tangiert;
widersteht man seiner Schlachtung,
er sich weinend ausrangiert.

Ist das Unikum beleidigt,
spielt ihm Mitleid übel mit;
letzteres nur sich vereidigt
gibt dem Prahlhans einen Tritt.

Berberromantik

Der Zeltplatz verwohnt seine letzten drei Groschen,
der Herbst hat die Berberromantik verdroschen,
sie schlurfen die Wetter stadteinwärts in Nischen
und dürfen sich nicht, nur der Regen, verkriechen.

Die stinkende Wärme verflüchtigen Gesten
verdampfender Flüche von Wetter-Verwesten;
das Eau de Toilet ihrer Kaffeedomänen
erwidert nur Gleichmut bestaunendes Gähnen.

Das Mitleid ist müßig und schleicht durch Gefilde
der städtischen Burgen, verkommen in Milde;
ein Seufzer vergisst nicht, die Wolken zu treiben -
dem Bruch mit dem Leben, stadtauswärts zu bleiben.

Verwaist sind die Gassen verjagter Geschichten,
nur Neues kann tropfende Dächer noch schlichten,
ansonsten verziehen die Mienen kaum Spiele;
wer wandern muss, findet nur selten Gefühle.

Lang-geweilt *(vom Harren vor dem Spinnennetz)*

Im Todeskampf verharrt mein Blick
auf lang-geweiltem Spinnenstaub,
mein Tag, nicht vorwärts noch zurück,
ein Fliegentier im Kräfteraub.

Die Spinne sah die Zukunft früh,
verließ das eingesackte Nest,
das mir die Gegenwart verlieh
und mich im Schau'n erstarren lässt.

Die Spinne da, die Fliege fort,
doch ich verschlafe den Moment,
der Status quo ist nur ein Ort,
den man in toter Zeit verkennt.

Ein Wind erzürnt der Stille Graus,
reißt Lethargie und Staub entzwei;
mir ins Gesicht und dann hinaus:
Wer kämpft, den gibt das Schicksal frei.

Mitläufer

Das Gesicht,
in einen tausendfachen Kopf gepresst,
kann nicht verloren werden,
weil es sich nicht finden lässt.

Stimmenpflicht,
die nie bestand, doch ihren Gönner hat,
erzeugt die Schönheitsmaske,
frisst sich an der Stimmung satt.

Augenlicht
verbrennt der Blick der Ungehorsamkeit,
doch die es blind verleihen,
werden dadurch nicht befreit.

Wahrheitsgicht
zerklüftet Knochen im Zusammenhang,
der Wasserkopf zerläuft sich
im Geplätscher ohne Klang.

Mein Recht

Ohne mein Recht
geh' ich nicht ins Bett,
schlafe sonst schlecht,
beschwere mein Fett.

Wälze mich hin,
der Kopf wird nicht leer,
Recht ist nicht drin,
ich wälze mich her.

Schwitze die Wut,
besteh' aufs Prinzip,
tut mir nicht gut,
ist mir doch so lieb.

Schlage die Nacht
gedankenvoll tot,
hat nichts gebracht
für Kaffee und Brot.

Frage erneut,
wer's Recht mir nun gibt,
Antwort zerstreut:
Nur der, der dich liebt.

Holz der Einsamkeit *(vom Missbrauch des Weins)*

Jedes Wort fällt in mein Weinglas,
wird neutral in seinem Geist,
fließt hinab zu keinem Anlass,
der Veränderung verheißt.

Mit den Tropfen fällt das Leben
durch die Zeitvertriebenheit,
seh' im Garten meiner Reben
nur das Holz der Einsamkeit.

Früchte nicht die Sinne locken,
nur die Quintessenz der Lust,
hält den Einfluss kaum noch trocken,
spült hinab, was wird bewusst.

Muss das Wuchern nicht mehr züchten,
denn das tut es von allein;
nichts gespürt von den Gerüchten,
dass die Frucht versteht der Wein.

Tage von der Stange

Wieder in den Tag geschlüpft,
ein solcher von der Stange,
Konfektion aus Allerlei,
die Enge läuft zu lange.

Stunden falten sich nicht aus,
sie knittern die Gedanken,
was sich glättet, engt sie ein,
ein adipöses Wanken.

Press hindurch den Rest der Haut,
zerdrück das Fleisch zu Zwängen;
Mode ohne Kunst versucht,
die Formen zu verdrängen.

Sinnes Hornhaut stumpft bald ab,
die Glätte zu verheißen,
und den Saum des Tages wird
sie überspannt zerreißen.

Näh sie um, verkürz den Tag
zu glatten Quintessenzen;
irgendwann ist nichts mehr da,
um specklos fett zu glänzen.

Verbitterung

Küss ein wundes Herz
und seine Bitterkeit wird bluten,
wenn der raue Schmerz
lässt tiefe Splitter noch vermuten.

Krank, das Lippen Rot
mit schwarzem Gift aus der Gerinnung;
Krustenunkraut droht,
zu leugnen heilende Gesinnung.

Fällt Liebkosung ab,
zerschnitten durch verblieb'ne Scherben,
wird, was sie vergab
im Eiterschillern bald verderben.

Nur ein Klumpen Fleisch
zerfällt im Schlage seines Fluches;
Bilder werden bleich,
es bleibt der Kuss des letzten Tuches.

Lebenslinien

Lebenslinien

Intensität *(von der Schnelllebigkeit des Jetsets und anderen Streams)*

Das Alter kitzelt noch ein wenig Jugend aus den Jahren,
verzehrt von der Geschwindigkeit der Zeitintensität;
es schaut sich nicht die Bilder an, die einst noch eben waren,
denn Spiegel morden langsam mit den Szenen, die man dreht.

Die äußere Befindlichkeit ermächtigt Toleranzen,
sie passen neue Tage in die alte Sehnsucht ein;
solange Augen Masken in die Augenblicke stanzen,
wird stets das Kind im Angesicht der Selbstbetrachtung sein.

Ganz langsam folgt dem Wissen um die Jahre die Verneinung,
die Mitte ist dem Anfang oftmals näher als dem End';
doch Attraktivität erfolgt mit wandelnder Erscheinung,
wenn Wahrheit des Verdrängens auch die andre Wahrheit kennt.

Vagabund I

Knetend falten Worte einen Sinn
ins Nachtgewand,
betend schalten Orte sich durchs Flieh'n
von Land zu Land.

Schnell besetzen Euphorie und Zorn
die Lust im Wind,
grell zerfetzen Dysrhythmie und Korn
den Wust im Kind.

Trost radiert zum Schluss die Macht, zu
suchen, in Asphalt,
Frost garniert Verdruss, der lacht, mit
Fluchen, das nicht schallt.

Vagabund II

Wenn ich gehe, bleibt die Angst zurück
und wird mich nicht vertreiben;
sie blies mich fort ein kleines Stück,
doch ich werd' in mir bleiben.

Widerstehen hieße, nur zu flieh'n,
dorthin wo niemand wartet;
von da an müsst ich einsam zieh'n,
bis etwas mich entartet.

Lächeln küsst der Wind zur Nacht hinaus,
wer's kennt, wird es erspüren;
es sehnt sich nicht mehr nach Applaus
und wird mich heimwärts führen.

Ankerplatz Internet *(vom Kommen und Gehen in Foren)*

Am Fluchtpunkt der Gemeinschaft
trifft die Flüchtigkeit das Ziel,
ein Bienenstock, der 'Honig!' ruft
ein Wabenwimmelspiel.

Aus schnöder Welt erhöht sich
ein entrückter Mittelpunkt;
das Eiern alter Wirklichkeit
hat SOS gefunkt.

Man fühlt sich dort geborgen,
doch man kann noch nicht versteh'n,
dass so ein Schnappschuss Anker wirft
in bodenlosen Seen.

Noch lieben sich die Worte,
und die Ehrfurcht ist ein Gott;
im Zerren um die Einigkeit
vermisst sich jeder tot.

Nach Jahren ausgestorben
geistert Fadenscheinigkeit;
der Avatare eitle Tanz
sucht neue Einsamkeit.

Voraus sein *(von der Überhast)*

Ich ließ die Zeit im Regen steh'n,
als sie mich fragte nach dem Ziel;
sie wollte mir entgegen geh'n,
doch überrannte ich ihr Spiel.

Empfand nur ihr geschenktes Glück
als kleinen Zahn am Lebensrad;
missachtet lag sie bald zurück,
weil sie sich mir verschlossen hat,

Alleine floss sie mir nun nach,
voraus zu sein, erschien mir groß;
doch Feigheit mir im Rücken stach,
als ich vermisste ihren Stoß.

Noch unbeirrt, des Freiseins stolz,
erzürnte sich der Mut in mir;
und als der letzte Zweifel schmolz,
umgarnte Zeit mein Freirevier.

Lügen altern nicht *(von der Familienverlogenheit)*

Was bleibt, ist nur ein Album,
und die Greisin muss sich fügen;
ums Zentrum ihrer Weisheit
durften Marionetten lügen.

Gezerrt von wirrer Liebe
und der Sehnsucht, zu entgehen,
belog sie die Familie,
ohne Kinder zu verstehen.

So tanzten sie Gesichter
um die Sonne kalter Schmerzen;
die Fliehkraft zog an Fäden
und riss Stücke aus den Herzen.

Die einen trieb es auswärts,
um Ellipsen, noch Trabanten;
sie zwang es noch zur Nähe,
die entfernt sie bald verkannten.

Mit ihren letzten Lichtern
schlägt sie Bilder gelber Schatten;
aus Fäden werden Kratzer,
die die Wahrheit nicht verraten.

An sich zerbrochen

Für was zerbricht das Herz,
wenn es sich selber nicht mehr kennt,
wenn's tückische Sekunden für Minuten eigen nennt?

Für was erliegt der Sinn
dem Potential, das möglich wird,
wenn seine Eloquenz sich nicht um Sinnlichkeiten schert?

Für was verirrt das Blut
sich im Gewebe ohne Kraft
wenn's einfach dort versickert ohne Lebensleidenschaft?

Bedeutungslos

Im Spiegel deiner Hand
zerbricht mein Ruf nach
unsrer Zukunft. Er verkehrt
das Bild der Hoffnung in den
Umkehrschluss des Grußes.

Unser Blick zerschellt
dazwischen am Moment der
Distanzierung, und die
nassen Scherben sind der
Untergrund des Flusses.

Auseinander treibt der Wind der Worte
Sinne, die sie nicht verstehen.
Er zerreißt den siebten Himmel
in die Fetzen eines nie verschmerzten
ersten Kusses.

Schwarzes Schaf

Ich bin nicht mehr länger der Lump hinterm Weihrauch,
davor nicht mehr länger Familienidyll;
gezerrt aus den Schwaden der stillen Verwahrung,
zerreiß' ich allmählich in eurem Kalkül.

Die Nacht erfüllt alles, was Tage versetzen,
verkauft wird das Gute, das Böse verschenkt;
dazwischen bleibt nichts, was Begehren begründet,
wenn niemand mehr **an** mich, doch **über** mich denkt.

Gespaltene Vielfalt im Tagesgeschehen
verschlägt meine Haken im Sinnlabyrinth;
es wechselt den Ausgang und endet doch immer
im Zentrum, wo alles von vorne beginnt.

Puppenhaus

Die jungen Seelen fühlt dies Haus,
sind später nur Erinn'rungsgast;
die Kinder spielen Rollen aus,
zu denen ihr Gesicht kaum passt.

Als Eltern schauen sie zurück
und haben jenen Traum erfüllt;
nun Geister aus dem Kindheitsglück
im neuen Geist, der ‚Klein sein' spielt.

Ausgegossen *(vom Gesellschaftsabtrünnigen)*

Es zog ihn aus der Menschlichkeit,
sie war zu glatt für seine Zeit,
ins Urvertrauen stach das Recht,
das Lächeln starb im Blickgefecht.

Ein peripherer Kauz verblasst,
romantisiert ins Bild gepasst;
die Stadt im neumodernen Guss
ein Or'ginal doch haben muss.

Was diese sich in Scherben legt,
er still als Unverderben hegt;
genießt die Tage als ein Jahr
und sieht die Jahreszeiten klar.

Man sieht ihn gern, doch selten an,
den alten, armen, kranken Mann,
scheint ausgesickert aus der Welt;
ein Glas, das Gott in Händen hält.

Wer hebt ihn auf, wer holt ihn ab?
Wer legt ihn in das eine Grab?
Es ist sein Leben, das er hat,
worum das Leben ihn einst bat.

Umzug

Ich rieche das Leben verflossener Tage,
an Mauern verdrängt es mein hallender Schritt,
es streunt noch ums Haus mit dem Hauch einer Frage:
Wer bringt mich hinfort und ein neues wohl mit?

Das Holz auf der Treppe erzählt mir Geschichten
von traurigem Steigen und fröhlichem Sprung;
das Knarren entführt mein bedachtes Gewichten
zur Melancholie in der Aufmunterung.

Die Räume beatmen die Vorsicht der Blicke,
Berührungen sind noch verschwiegen zu Gast;
entzieh' der Vergangenheit langsam Geschicke
mit jeder Veränderung, die sie verblasst.

Die Fenster verlieren die letzten Momente,
befangen in lebloser Starre der Zeit;
der Wandel, nachdem sich der Übergang sehnte,
lag kalt in der Luft, die ein Durchzug befreit.

Schon schwelgen die neuen Gedanken im Reinen,
erschlossen, erscheint mir die Leere zu ruh'n;
die Dinge um mich mich mit Siegeln vereinen,
die nur ihre Pflicht als Vergangenheit tun.

Ein grauer Mensch

Ein grauer Mensch
verfärbt die bunte Menschlichkeit,
er zieht die Spur
durch Falten der Bedenklichkeit,
er prägt Kontur
in Ebenen aus gleicher Welt,
erfährt Blessur,
wenn sie ihn für zerknittert hält.

Ein grauer Mensch
erzählt Klischees vom Untergang,
verstaubt die Zeit
mit Flausen ohne Überschwang,
er sieht zu weit,
verschwendet seine Blicke kaum,
und sein Geleit
sind Blätter ohne Lebensbaum.

Ein grauer Mensch
kann Licht um seinen Schatten spür'n,
wenn er das Grau
versteht, als Farbnuance zu führ'n,
dann bleibt er schlau,
gibt Buntheit einen Farbkontrast
und wird nur flau,
wenn Helligkeit das Dunkel hasst.

Dein Kind ruft dich

Du machst dir Sorgen viel zu oft
um vieles, was dir wichtig ist,
und jeden Tag hast du erhofft,
dass du dabei bloß nichts vergisst.

Gut ausseh'n - ja das möchtest du,
nichts scheint dir wichtiger ganz früh,
dein Kind ruft dich, du hörst nicht zu,
du schenkst dem Alltag deine Müh.

Er fordert selbstverzehrt Tribut,
dein Kind ruft dich, du hörst nicht zu,
du weißt nicht, was es wirklich tut,
zur Arbeit brauchst du deine Ruh.

Am Abend ruht dein Zorn sich aus,
dein Kind ruft dich, du hörst nicht zu,
gut aufgestylt rennst du hinaus,
die Nanny bringt das Kind zur Ruh.

Spät in der Nacht kommst du dann heim,
dein Kind ruft nicht, es schläft nun schon,
vorm Schlafengeh'n noch ein Glas Wein,
vom Kinderzimmer kommt kein Ton.

Tag ein Tag aus geht dieses Spiel,
kommst nie zur Muße all die Zeit,
dein Kind, das ruft nicht mehr so viel,
fürs eigne Leben ist's bereit.

Und wenn es dann aufs Letzte geht,
allein liegst du in deiner Ruh,
kein Mensch an deinem Bette steht:
Du rufst dein Kind, es hört nicht zu.

Messie

Das Wohnzimmer schrumpft im Begehen des Tages,
es wuchern die Möbel zum Spießrutenlauf,
entziehe dem Fenster den Sinn seines Schlages,
verbannt ist die Hand, nicht zu fassen den Knauf.

Das Licht ist verschollen in Nischen aus Schwaden,
die Luft wird verdorben durch atmenden Schwund,
der Blick, stranguliert an Besitzbarrikaden,
dazwischen gepresst, was nicht passt in den Mund.

Entscheidung, verfüttert an nacktes Verlangen,
befriedigt die Sehnsucht mit fettiger Not;
Verluste erschüttern das Hoffen und Bangen
um Sicherung, die mit Verlassenheit droht.

Umzingelt getrieben, den Feind nicht zu schmähen,
verliert sich mit jeder Distanz auch mein Mut;
den Kurzschluss der Friedlichkeit kann ich erflehen,
indem ich das tu, was ersetzt meine Wut.

Getrieben

Vertrieben von Besitz ergreifender
Sesshaftigkeit des Geistes, sog
mein Fleisch den Duft des Windes
aus dem Westen auf.
Seit jeher zehrt die Welt von
meiner Flüchtigkeit und hält mich
wie ein wildes Tier im Käfig mit
der Häme offner Türen, weil sie weiß
um jenes Rad, das nie beendet
meinen Tageslauf.
Ermüdet fall' ich immer wieder
aus der Rolle und anheim dem
Ausgang in den Eingangstrott;
so finde ich mich immerfort
im heimatlichen Ausverkauf.
Aus West wird Ost mit jedem Mal,
bis Ost scheint westlicher den je,
was ich vergab, find ich nicht mehr
in meinem Zorn von einst, der nur
noch müde mich willkommen heißt -
und gibt mich auf.

Portfoliofreundschaft

Sie schrieb mir in mein Freundschaftsbuch,
mit sieben oder acht,
es war ihr Freundschaftserstversuch,
hat dabei nicht gelacht.

Mit Blau in Schönschrift, zeilentreu,
die Lücken ausgefüllt,
was sie nicht wusste, blieb nicht frei,
die Antwort eingedrillt.

Mit aufpolierter Hoffnungszier
und einem Bild garniert,
wünscht' sie nur gute Noten mir,
das Foto war glasiert.

Portfolio im Sonntagssinn
beschrieb, was nichts verspricht;
die Zeilen flogen sonst wohin,
doch mir nicht ins Gesicht.

Der letzte Gruß mit einem Scherz:
Auf dass ich netter werd'!
beschreibt den ungeküssten Schmerz,
der sich in Kindheit wehrt.

Momente

Momente

Verbleichende Not

Wir sehen nur die Bilder,
wir hören nur die Not,
doch sind die Schreie wilder,
ist selber man im Boot.

Wir können nur ein Herz sein,
so fern und kaum bewusst,
für jene, die nach Licht schrei'n,
erscheint es kaum als Trost.

Doch sind Gedankenweichen
gestellt, um nicht zu flieh'n,
wird nie ein Mensch erbleichen
als Frage ohne Sinn.

Zwischen Land und Flucht

Ich ziehe Linien in den Sand
und schaue ihren Fliegern nach,
sie legen Schatten auf das Land
und meine Sensationen brach.

Ein jeder streift das Sonnenlicht,
dies zwinkert mir ihr Leitwerk zu,
die Linien finden Ziele nicht,
die Wolken geben keine Ruh.

Mein Zeichnen zwischen Land und Flucht
verendet immer gischtumspült,
dahinter es noch heimlich sucht,
derweil es mich nach Hause wühlt.

Der arme Jeck an Karneval

Er steht allein auf dem Balkon,
den Ernst des Karnevals im Blick,
gedrängt hat ihn der Anlass schon,
doch drängt der ihn zugleich zurück.

Versteht sich selbst als eingefleischt
und löst die Sinnlichkeit vom Sinn;
die Menge, die dort unten kreischt,
versagt sich, zu ihm aufzuseh'n.

Verkleidet hat er seinen Gram,
nach Maß geschneidert, das Kostüm,
er wär' gern das, als was er kam,
doch schafft er's nicht, dorthin zu flieh'n.

So steckt er in der Hülle fest,
erhaben als Fassadenfleck,
verlassen vom gelösten Rest,
der seriöse arme Jeck.

Bilder an der Wand *(von der Einsamkeit hinter Mauern)*

So zeitlos wie das Fensterkreuz,
so gnadenlos sein Bild,
es läuft davon, und Ängste streut's,
weil's nicht durchs Fenster zielt.

Die Blumenmuster Bahnen zieh'n,
ein zweites Bild hängt schief,
das andre sträubt sich mitten drin,
mit Farben intensiv.

Das Spielen und das Küssen eilt,
genießt den Augenblick,
sein Kopf dort hier und da verweilt,
dann sucht er sein Genick.

Er hält die Bilder von sich fern,
die Rahmen zier'n die Nacht,
das andre schickt ihm einen Stern,
das zweite traurig macht.

Der Morgen zwingt die Einsamkeit
erneut in den Kontrast,
der ihn vom Rollstuhl nicht befreit,
nur ihn mit ihm befasst.

Sinnverstärker

Ein Spiegel schaut den Himmel an
und hilft mir dass ich fragen kann;
mein Sinnverstärker ist ein See,
er fokussiert, worin ich steh'.

Das Sonnenlicht auf Wellen tanzt,
bleibt sonst im All als Quell verschanzt;
der Wind ist mehr als Luft im Fluss,
wenn er des Plätscherns Lied sein muss.

Im Fall der Tropfen spleißt das Licht,
bedeckt den See mit neuer Schicht,
zerwirft die Stimmung und sortiert;
ein Wechsel nur, der viel verwirrt.

Die Wolken schwinden ohne Ziel,
entlocken Wasser neues Spiel;
ich fühl schon wieder Spiegels Schau
als Vielfalt aus dem einen Blau.

Erfasst

Ihr kleiner Finger tippt die Worte
mit geduldverzerrtem Blick;
wer nie in solchem Starren bohrte,
ahnt nicht das gelebte Glück.

Die Zeit ist nichts im Stolz des Kindes,
das nur den Moment erfährt;
ein Schatz im Fluss des Alltagswindes
ist ein Hauch, der es erklärt.

Banal verschwendet scheint die Sehnsucht,
so viel mehr im Wind zu seh'n;
das Mitleid sucht noch eine Ausflucht,
doch kein Leid will mit ihm geh'n.

Der Bildschirm spiegelt Leere wider,
die in Tiefen gar nicht passt:
'Der Papa singt so schöne Lieder' -
nur ein Satz, der mich erfasst.

Kleiner Spuk

Wenn Türen knarren,
melden sich die Toten,
sie rufen in den Ton aus einem Guss;
im Luftzug harren
freigelass'ne Boten,
die sich mein Frösteln einverleiben muss.

Ich schließ das Fenster,
um den Wind zu fangen
und lausch auf den geöffneten Moment;
sind's nur Gespenster,
die mich scheinbar zwangen,
nicht einzusinken im Mortalfragment?

Ein kleiner Spuk nur
dunkler Phantasien,
ich setze mich erneut ins fremde Nest;
doch ohne Aufruhr
scheint die Luft, zu ziehen,
die einmal noch das Schloss vibrieren lässt.

Hingezogen *(von der Physik des Kusses)*

Zueinander hingezogen,
fokussierter Widerstand,
bündelt Kraft aus Mundes Bogen,
exponiertes Lippenband.

In der Mitte der Verjüngung,
so unendlich klein der Spalt,
maximiert sich Lustgewinnung,
macht noch vor Berührung Halt.

Erst als sich die Nähe findet,
können Sinne sich entgeh'n,
und bewusster Anblick schwindet,
um nicht mehr zu widersteh'n.

Um die Schauer zu begleichen
die der Abstand kondensiert,
lassen Lippen sich erweichen,
auszufüllen, was sie stört.

Der letzte Vorhang

Die Bühne ist leer, und die Sitze sind kalt,
die Spielerin sucht in der Stille den Halt,
das Herz ihrer Julia war schon so alt,
vom Rausch des Applauses mit Sehnsucht bezahlt.

Der Vorhang, ein Fallbeil im lebenden Akt,
er köpfte die Rolle, der Torso blieb nackt,
im Jenseits das Leben, das niemanden packt,
nur abends hat Liebe im Diesseits geklagt.

Ihr Romeo starb viel zu früh jede Nacht,
sie folgte und wäre sehr gern nicht erwacht;
ein Tod, soviel süßer als tägliche Macht,
die Bitterkeit ohne Verderben entfacht.

Zum letzten Mal stürzte der Himmel nun ein,
verwirbelte Hast aus frenetischem Schrei'n,
ein Lächeln wird menschlich und will sie befrei'n,
es ist der Souffleur, der sie einlädt zum Wein.

Weltenlounge Flughafen

Die Marionetten in der Lounge
verharr'n im Schwung zur Divergenz,
ein jeder dort ist nur Revanche
am Faden voriger Präsenz.

Der Rausch des Sogs verspannt die Zeit,
mit ihr versteinert mancher Blick,
nicht abgefertigt und bereit,
zieht jeder sich in sich zurück.

Im Urvertrauen wird versenkt,
was an der Oberfläche schwimmt,
mit Worten wird der Geist ertränkt,
als Koffein die Körper nimmt.

Ein Blick zur Zeitung schleppt den Rest
Bequemlichkeit in fernes Weh,
bis sie die Schmerzen liegen lässt,
der Schlag der Zeilen sagt Adieu.

Die Augen schlendern durch den Fluss
der großen Puppenwanderung,
und dann durch das, was bleiben muss,
das Holz im Kopf ist klar zum Sprung.

Sucht

Ertappende Blitze im Hirn des Gebrannten
verpflichten den Spießrutenlauf, zu besteh'n;
sie wehren sich gegen das Los des Verbannten,
erzwingen die Schatten, als Bilder zu seh'n.

Sie halten ihn nur für Sekunden gefangen,
die Sucht wird zur Bühne der Realität;
ganz publikumslos wird der Schrecken begangen,
der aus den verborgenen Fugen gerät.

Der Schweiß auf der Stirn perlt den Hohn des Verdrängens,
verflüssigt die Starre erinnerter Not;
es schießt durch die Poren gekeuchten Verengens
die Alternative zum Leben - der Tod.

Dann fällt jener Vorhang vor blutenden Geistern,
sie treten nicht ab, denn Versickern betrog;
solange nur Körper Verwundetes meistern,
entkommen sie nicht dem verendenden Sog.

Morgenstern

Aus nächtlichen Arenen hebt der Blick das Licht empor,
er wirft es in den Horizont, den er zur Nacht verlor,
versteckt der Sterne Fragen hinterm Vorhang für den Tag,
darunter nimmt die Dunkelheit noch Zweifler in Beschlag.

Die Weite fällt zusammen mit der Ferne überm Grund,
dahinter fließen Träume in Unendlichkeiten rund,
schon weichen letzte Schatten dieser Leinwandillusion,
da trennen sich die Augen von der Kurzschlussrelation.

Denn über der Erleuchtung aus der Atmosphärenglut
harrt immer noch die Wahrheit, die auf Dunkelheit beruht;
ein Punkt fällt aus dem Rahmen in die Täuschung durch das Licht
der Morgenstern als Zeuge, dass die Nacht kein Anschein bricht.

Poetische Rätsel

Wie ein Rätsel laufen Zeilen
dem Gedicht im Kopf voraus,
an der Strophen Enden weilen
Richtungsweiser mit Applaus.

Doch wohin die Verse führen,
weiß die einz'lne Strophe nicht;
die Entscheidung, vorzuspüren,
ist des Dichters weise Pflicht.

Manchmal zieht er einfach Schlüsse,
manchmal trägt's ihn nur hinfort,
doch nur Schlüssellochergüsse
zeigen den geheimen Ort.

Helfen

Wenn es Augen leuchtend macht,
ohne Weihrauchs Nebelpracht,
wenn ein altes Herz noch lacht
und das junge weitermacht,
wenn der Abend Licht entfacht,
auch wenn Morgen nicht erwacht,
dann ist das, was wir erbracht,
für- und nicht nur ausgedacht.

Straßennebel

Die Ansicht diffundiert,
durchnässt mit Zwiespalt
aus schriller Dunkelheit und schrägem Licht;
die Straßen, arrangiert,
beengen Rückhalt,
der mich mit Wohl aus Häuserfenstern sticht.

Mein Schatten Zyklen zählt,
vom Dreck zerklüftet,
gestreckte Zeit fällt am Laternenmast;
von Mal zu Mal verprellt,
dass sich nichts lüftet,
erneuert Helligkeit der Augen Last.

Das Schwarz ist ausgelutscht,
ein Schicksalshaufen,
er schaltet Fragen mit der Antwort gleich;
fast wär' ich ausgerutscht,
um nicht zu laufen -
um nur zu spüren, dass da ist noch Fleisch.

Wunschbefreit

Das Auge sucht noch Wärme
hinterm blauen Abendlicht,
verlegt Gedankenschwärme
in die ausgedünnte Sicht.

Die Spur im Schnee, nicht fragend,
unterwandert nur die Zeit;
was bleibt ist kaum noch klagend,
weil zum Tauen nicht bereit.

Benebelt von der Kälte,
hülle ich die Stille ein,
und was der Tag erzählte,
kann kein Störenfried mehr sein.

Erschließe keine Sehnsucht
in dem eisverklärten Raum,
und doch ist diese Zuflucht
wie ein wunschbefreiter Traum.

Am Pier von Blankenberge

Am Pier in Blankenberge
schickt die Kuppel dämmernd Grüße;
im Sand versinkt die Stärke,
dass ich sonst wohin noch müsse.

Flaniere über Wellen,
nur der Steg begrenzt die Träume,
und darf dem Wind erzählen,
was ich ländlich sonst versäume.

Die Nordsee taucht das Ende
in den Bogen ihrer Weite,
kaum ahnend das Gelände
auf der Abendsonnenseite.

Die Sinne, die dort wandeln,
scheinen meinen Sinn zu teilen,
weit ab vom Tun und Handeln
will auch ich im Strom verweilen.

Mein Gang im Meer ums Wasser
zieht Gedanken in die Ferne,
der Horizont wird blasser,
doch erweitern ihn die Sterne.

Strandbegegnung

Mein Herz hab ich verloren
am Blankenberger Strand,
du hast am Pier gefroren,
mit Tränen in der Hand.

Das Molenfeuer schickte
die Augen in die Flucht,
und als ich dich erblickte,
hast du nicht mehr gesucht.

Wir sprachen zu den Wellen,
verstanden Worte nicht,
doch plätschernde Gesellen
erklärten dein Gesicht.

Wir wollten nichts erleben,
erfahren nur die Spur,
dem Sand nur Schritte geben
wie einen Treueschwur.

Seit dieser einen Stunde,
nachdem dich Heimkehr zwang,
dreh ich dort meine Runde
ein ganzes Leben lang.

Cuxhaven

Wo die Alte Liebe wartet,
einst versenkt Olivia;
meine Rückbesinnung startet
dort, wo mein zu Hause war.

Auf dem Deich verweilt die Sehnsucht,
weil sie hier nicht weiter kann;
doch den Blick zur Mündungsausflucht
zieht der Hafen in den Bann.

Grimmershörn führt mich zur Spitze,
wo die Kugelbake weilt;
wenn ich dort am Ufer sitze,
bin ich in die Welt gekeilt.

Schon entzieh'n Gezeitenschwaden
meine Sicherheit dem Land;
hinter mir war ich beladen,
vor mir öffnet sich die Wand.

Überm Watt verspielt das Schlendern
seine Suche nach dem Grund;
dieser kann mein Fragen ändern,
Sonne schillert Blinzeln bunt.

Folge ihrem Lauf zum Westen,
Döse spielt sich Duhnen zu,
Neuwerk blinkt den späten Gästen,
Wernerwald schenkt Mooren Ruh.

Rendezvous in Paris

Im Ohr verschwingt Melancholie
wie das Chanson der Gassenflucht;
der freie Platz zur Melodie
ein Gegenüber für mich sucht.

Die Uhr verrinnt im Glas zur Chance,
das Canapé genießt den Schluck,
das Warten wird zur Nonchalance,
flaniert vorbei am Selbstbetrug.

Noch ein paar Stimmen, aufgerührt,
entzieht der Sog der Stadt dem Charme;
der Schritte Hall mich fast verführt,
da hebt ein Schatten seinen Arm.

Ein Zwinkern im Akkordeon
gibt gerne ein paar Strophen zu;
im Rot des Abends mein Pendant,
ein Lied besingt das Rendezvous.

Verkehrt

Ich bin umgeben,
doch er fehlt mir,
dieser Mensch an meiner Seite;
bin am leben,
doch es scheint dir,
dass ich langsam euch entgleite.

Ich habe Fernweh
nach den Bildern,
die ich niemals hab gesehen;
wenn ich anfleh',
was sie schildern,
würde ich am liebsten gehen.

Was ich auch rette,
mich nur anflucht,
weil die Gegenwart nicht bliebe;
tote Stätte
meiner Sehnsucht
haftet quälend an der Liebe.

Möchte erwachen
eines Morgens
aus dem Alptraum eitler Nöte
mit dem Lachen
keines Sorgens,
das mein Deja Vu mir böte.

Fragenhintermann

Hinter Wipfeln letzter Augen
fällt der Mond hinab ins Tal;
wenn die Schatten Blicke saugen,
hat das Suchen keine Wahl.

Noch ertasten Silhouetten
meine Einsicht in die Welt,
um sie bald im Ruf zu betten,
der sich aus dem Dunkeln schält.

Nur des Lebens leises Rauschen
schließt sich meinem Atem an,
führt im Dialog das Lauschen
hin zum Fragenhintermann.

Liebesrot

Rot, der Untergang zur Nacht,
Rot, das Kleid, im Schwung erwacht,
Rotes Haar dem Kusse lacht,
Rot, das Herzen schlagend macht.

Rot, die Wangen, die erhitzt,
Rote Lippen sind gespitzt,
Roter Wein macht uns verschmitzt,
Liebesrot auf Rosen sitzt.

Hinter der Biegung

Hinter der Biegung verschwinden Gedanken,
lange gefasst und gestaucht im Moment,
immer noch vor den verschlossenen Schranken,
wissen sie nicht, ob die Wahrheit sie kennt.

Spielten im Vorfeld mit eitlen Visionen,
wollten genügen der Einfalt aus Sicht;
glaubten, das Bild um die Ecke zu klonen,
brächte den Spiegel als Fenster ans Licht.

Näherndes Warten erschaudert die Stille,
Schritte verkürzen die Frist, zu besteh'n;
'Reiß dich zusammen', verrät mich mein Wille,
bin plötzlich einsam und kann nichts mehr seh'n.

Noch in der Rundung zersetzt sich die Ahnung,
fällt auseinander in Egalität,
spüre die zähe Ermüdung der Planung,
als dein Gesicht mich mit Lachen erspäht.

Flämischer Charme

In Weiden unterm Drachenflug ergießt sich meine Stimmung,
getragen von dem seichten Wind der See,
die Sonne brennt nicht Hitze sondern wärmt mir die Gesinnung,
ich weiß nicht, ob ich liege oder steh.

Die Räder kreisen Fröhlichkeit aus Ehrgeiz ohne Schwere,
ihr Surren untermalt den Redeschwall,
Flanierer streifen Alltagsruhe in die Atmosphäre,
so viele, doch bedrängt nicht ihre Zahl.

So unverbindlich, doch verbunden hör ich ihre Grüße,
mein Lächeln wird erzeugt und muss nicht fleh'n,
die Gruppe junger Scouts verköstigt mich mit Pfannkuch'süße
und lässt mich, wenn's mal tröpfelt, untersteh'n.

Der Schwermut scheint, das Treiben in den Abend zu verlocken,
der Horizont schickt Schatten übers Feld,
dahinter unterwandern letzte Strahlen Himmelsbrocken,
was das Gemüt meist ausgeglichen hält.

Ich bin nur Gast im Flamenland doch immer eingeschlossen,
die Herzlichkeit des Charmes hält mich bereit,
und bin ich fort, verbleib ich nicht als Fremder, längst verflossen,
ein Wiederseh'n nach Jahren hat noch immer für mich Zeit.

Im Pub

Ich trink mein Bier,
das Walfischtier
auf Bildern tief im Pub;
ein Seemann singt
'ne Schauermär,
ich warte einfach ab.

Die Zeit verfliegt,
mich schickt sein Lied
weit weg von meinem Tisch;
es führt mich hin,
wo es geschieht,
die See, der Mensch, der Fisch.

In Augen find'
ich manches Kind,
doch Stolz in jedem Blick;
die Heuer sich
nur schwer verdient,
bringt Brot nach Haus zurück.

Im letzten Kampf
der Mut ein Krampf,
Familien sind daheim;
das Meer verschluckt
des Schiffes Dampf,
ich bleib im Tran allein.

Ich werde wach
durch Münzenkrach,
kein Mann, wo Strophen war'n;
ein Mauerbild
hält mich in Schach:
Schon tot seit vielen Jahr'n.

Schärennebel

Wenn Schären im Nebel der Ost-Seen liegen
und Hörner im Schwall durch die Stimmung verfliegen,
dann schleichen die Fähren und wiegen das Wasser,
erst sichtbar am Ufer, nach draußen hin blasser.

Im Dunkeln verschließen die Schwaden die Nächte,
der Mond schickt den Schein nur durch dunstfreie Schächte,
dort sehe ich schemenhaft rettende Lichter,
punktieren auf Inseln der Zuflucht Gesichter.

Verhüllt im Moment, hat die Bank mich alleine,
ich fühle die Kälte am Grunde der Beine,
doch findet mein Geist eine Brücke zum Leben,
als einzelne Stimmen flanierend nicht beben.

Ich lasse mich fließen und folge den Sinnen,
die nichts durch die Nacht zieht, als stetes Verrinnen,
im Taumel vom Ufer zur plätschernden Ahnung,
verliert sich die Sehnsucht aus ihrer Verbannung.

Weckmann

Rosinenknöpfe auf den Mänteln
leicht gebräunter Leckerei,
ebenso verziert, die Köpfe,
nehmen ihm das Einerlei.

Die einen strecken aus die Arme,
andre sind noch ziemlich klein,
große Kameraden stecken
Pfeifen unterm Arm sich ein.

Von Bäckers Schätzen an der Theke
zur Armee beim Martinszug,
eifrig kleines Händewetzen,
Augen kriegen nicht genug.

Der Heimweg zieht sich in die Länge,
Widersteh'n ist doch so schwer,
unterm Strahlen kaut es friedlich,
Weckmann hat den Kopf nicht mehr.

Panikattacke

Eine Unperson im eigenen Segment,
bin geblendet durch das Licht, das auswärts rennt,
meine Hände suchen kalten Halt an mir,
jede Stimme klebt wie Pech im Sturzgehör.

Aus dem Stegreif fegt der Herzschlag durch das Blut,
seine Welle wogend in des Kopfes Glut,
jedes Hindernis verbirgt den Untergang,
was mich sonst nicht trifft, wird hier zum Schicksalszwang.

Ist der Punkt der Ohnmacht nah, erschlägt mich Glück,
aus dem Puls zieht sich das Blut ins Herz zurück;
das Gefühl, von Schweißes Überlauf ertränkt,
schläfert ein, als es mich durch die Menge lenkt.

Wetterraten

Die Kraft im Aufsteh'n tief versenkt,
verschleppt der grau melierte Morgen
die Aktionen um das Frühstück in
die Worte fremder Taten.
Das Zuspiel neuer Bälle scheint
den Sieg im Hin-und-Her erhob'ner
Zeigefinger in der Ruhelosigkeit
verfrühter Höhen zu bestatten.
Ein 'Los!', im letzten Schluck Kaffee
ertränkt, erhebt die Überwindung -
wächst über sich hinaus zum nächsten
Stuhl und seufzt die Schwere des Moments
in feucht gebleichtes Wetterraten.

Treue Seelen

An jedem Tag auf meinem Weg
kam ich an ihm sehr oft vorbei,
auf einer Bank allein am Steg,
er grüßte mich und schien so frei.

Bei Wind und Wetter saß er da,
nichts auszumachen schien es ihm,
als wenn er nie woanders war,
raus auf die See, dort sah er hin.

Was er da tut, fragt' ich den Mann,
ein Schiff soll kommen, sagt' er mir,
die gibt's hier nicht, erklärt' ich dann,
nur früher fuhren Schiffe hier.

Doch dieses läuft bestimmt noch ein,
es wartet jemand dort auf mich,
hinaus fuhr damals sie allein,
was dann geschah, war fürchterlich.

Am nächsten Tag war er nicht da,
geseh'n hab ich den Mann nie mehr,
nur den Gedenkstein ich dort sah,
und was ich las, erschrak mich sehr.

„Der Frau, die niemals wiederkam,
gedenken wir bei dieser Bank
und ihrem treuen Ehemann,
der auch verschwand, als sie ertrank."

Verehrer der Kunst

Welch einsame Haut irrt noch tief in der Nacht
um Träume, die jemand aus Wortspielen macht?
Es ist, wie der Träumer, ein Wärter der Zeit,
entzieht sich dem Schlaf, denn er hat nie befreit.

Im stillen Umkreisen erspielt er sich Gunst,
vernimmt die Momente der einsamen Kunst
und denkt sich Konturen zu einem Gesicht,
zu schenken den Worten ein geistiges Licht.

Im Lauf der Minuten verfliegt die Gestalt,
sie gab nur am Anfang Geschichten den Halt;
das fallende Herz, das sich heimlich versenkt,
in Tiefen des lyrischen Spiegels sich denkt.

Erwacht, durch den fordernden Schlaf, aus dem Traum,
ist galvanisiertes Verständnis kein Schaum,
es passte sich nur einer Rohgestalt an,
die nicht nur den andern, auch ihn sehen kann.

Geistkontinuum *(von Momenten unterm Mond)*

Im Schatten sitzt ein stiller Hauch,
das Mondlicht schenkt ihm seinen Bann,
es hebt und senkt sich nur mein Bauch,
der mit der Stimmung sprechen kann.

Vereinzelt spür ich Lichter weh'n,
verwaisend oder heimgekehrt,
ich kann nicht in das Schicksal seh'n,
nur darin ruh'n, was nährt und zehrt.

Ein Schauer reinigt den Verstand,
er spült den Duft der Erde ein
und nimmt ihn mit ins Nachtgewand,
so deutlich kann das Leben sein.

Nicht Traum, nicht das, was wirklich ist,
erfüllt das neue Vakuum;
es ist nur eine Galgenfrist
des Seins im Geistkontinuum.

Ich fühl mich förmlich inhaliert,
nach allen Seiten eingetunkt,
in meine Liebe expandiert,
geborgen doch im Mittelpunkt.

Verdun

Im Trommelfeuer frisst sich Angst
durch das Getöse in die Leiber,
Befehl, um dessen Sinn du bangst,
verschwimmt in Helmen wirrer Treiber.

Wer zielen kann, hat keinen Mut,
er zehrt vom Zorn aus Denkverboten,
im Schützengraben kocht nicht Wut,
nur letzter Atem aus den Schloten.

Die Erde fühlt, was alle spür'n,
im Sturm beherrscht ein Geist Verkommen,
du willst es nicht zu Ende führ'n,
der Lärm hat den Beginn genommen.

Ein Wunder oder nur ein Schreck,
als sich mit dir ein paar erheben;
an deine Hände klebt der Dreck
das warme Fleisch und lässt es leben.

Hexenschuss

Mitten im Rausch der Entstreckung der Nacht
hat das Entfalten die Starre gebracht,
wohlig, der Seufzer, er ging in die Knie,
nachtüberladen er ‚Abwarten!' schrie.

Auf die Skulptur folgt die Lächerlichkeit,
um mich herum ist die Zeit noch befreit,
was auch geschieht, es zentriert nicht den Blick,
fühl mich beengt, wär' gern dünner als dick.

Haltlos um Positionierung bemüht,
nicht mehr so wichtig, ob jemand mich sieht,
Leben wird minimalistisches Sein.
Da! Eine Stellung, dort find ich mich ein.

Harre im Gänsemarsch irgendwohin,
wo ich verhandelt kein Handelnder bin;
wenn ich gelernt hab, was ich nicht mehr kann,
bietet die Peitsche das Zuckerbrot an.

Fluten des Schmerzes und Ebben aus Schweiß
geben die Mürbheit im Tagverlauf preis,
abends verfällt die Erschöpfung dem Schlaf:
Ob ich wohl morgen aufs Klo gehen darf?

Pinguine *(von sich grüßenden Maßanzügen)*

Der Ärmel macht den Rückzug,
als die ausgestreckte Hand
wie ein Sensorenteleskop
den Schutz des Pinguins verlässt.

Das Grinsen auf dem Rückflug
in die maskenhafte Wand,
in der der Höflichkeitszyklop
sich seine Sicherheit erpresst.

Die zugeknöpfte Spannung
überm aufgeblähten Bauch
erklärt die Unverbindlichkeit
die weiß dazwischen Freude prahlt.

Sodann erfolgt Verbannung
durch gesellschaftlichen Rauch,
erstickt die Leidenschaftlichkeit,
für die das Leben nicht bezahlt.

Beileid

Augen
klopfen an meinen Blick,
um ihn zu heben;

Münder
stoßen ihr Ungeschick
in meine Stille;

Ohren
ziehen den Satz zurück,
nichts blieb dran kleben;

Köpfe
drehen sich ins Genick,
beschämter Wille.

Tropfen
streuen Befangenheit
in letzte Worte;

Schleier,
als Stimmungsunterkleid,
bedeckt die Stätte;

Frieren,
das neuer Tod befreit,
versprengt die Orte;

Einsam
steh ich für kurze Zeit
am letzten Bette.

Irrlicht

Ich tanze übers Nebelmoor
und küss die Seelen in die Nacht,
sie flüstern durch mein Licht empor
und halten über Neugier Wacht.

‚Komm näher' lockt mein Flammenspiel,
vertraue deinem Gasthaustran,
Libellen führen dich zum Ziel,
ein Pfad, den niemand finden kann.

Und sehe ich, dass du mir glaubst,
erschaudert deine Seele bleich,
ein Fehltritt, dem du Umkehr raubst,
schon ist der Boden viel zu weich.

Entsetzen schluckt die Dunkelheit,
in deinen Augen mein Gesicht,
erleuchtet die Unendlichkeit,
bevor sie unter dir zerbricht.

Das Moor liegt in der Dämmerung,
der Nebel ist sein Leichentuch,
nicht eine Spur Erinnerung
erzählt von meinem stillen Fluch.

Erweiterungsportal *(von Abendstimmungen)*

Wenn die Glut des letzten Loderns
aus des Tages Herzschlag fließt
und der Westen über Felder
in den Osten Schatten gießt,

wenn der Himmel sich entkleidet
und entblößte Tiefe zeigt,
während Kühle Luft veredelt,
die den Taggeruch verschweigt,

wenn beflügelte Gesellen
in Verschwörung schlafen geh'n
und der Wind ihr Schlagen meidet
wie die Wellen seichte Seen,

wenn die Nähe sich verbindet
aus der Ahnung ohne Sicht
und ein Flüstern nicht erdrückt wird
von Geräuschen mit Gewicht,

dann ist Einheit ein Verschmelzen
in uns beide und ins All;
unser Mittelpunkt erfährt sich
als Erweiterungsportal.

Schattengebete *(von Friedhofsbegegnungen)*

Bedeutungslos wandert mein Wille, zu leben
durch Schemata alles benebelnder Gassen.
Der Blick, kaum voraus, kann die Augen nicht heben,
er möchte die Schatten mit sich nicht befassen.

Die Auren verbinden die Kreuze und Queren,
versenken im Boden die zähen Gebete;
ich möchte nicht deplaziert Tiefsinn entleeren,
nur weil ich den Staub noch von oben betrete.

Was tue ich dort, wo das Schleichen mich meidet,
wo niemand sich traut, übers Wetter zu fluchen?
Die Flammen am Grund hat das Licht ausgeweidet,
doch scheinen die nüchternen Zungen zu suchen.

Das Bindeglied liegt unterm Mantel verborgen,
es ist ein Gefühl, das wir alle verscheuchen;
die Feuchtigkeit kriecht und erzählt mir von Morgen,
ich ahne bereits, sie wird mich nicht enttäuschen.

Ich spür die verwaiste Verknüpfung der Seelen,
sie laden mich ein, einen Schatten zu tragen,
das Flackern lässt ruhende Augen erzählen,
ihr Licht überm Lächeln beantwortet Fragen.

Cornwall

Der Wind erzählt ein Märchen mir
von Klippen und dem Meer,
es ist ein altes Liebeslied
und trägt die Sehnsucht her.

Die Melodie verzaubert Luft,
die Strophen ruhig im Blau,
von Feld und Wolken komponiert,
Refrain im lauten Grau.

Ich lausche in das stille Gras,
vernehm' der Brandung Wucht,
Kontrast, der in der Liebe wohnt,
doch oft auch stürmisch flucht.

Ein Happy End ist nicht in Sicht,
das Lied singt immerfort -
wenn eins sein Temperament verlör',
das andre wär' kein Ort.

Unentwegt

Aus dem Bett
der Schlaf entwischt
durchs Fenster
Schrei der Elster sticht
ins Trommelfell
ein Türschlag bricht
den Kopfschmerz
die Musik verdrischt
Entspannung
aus dem Antlitz zischt
Entsetzen
den Moment verficht
der Anspruch
aus dem Dämmern kriecht
die Folter
attestiert die Pflicht ...

... zu wachen.

Trichter der Nacht

Mit dem Rumpf des Stammhirns
noch im Trichter meiner Nacht,
schaut der Rest in Weiten,
die kein Schlafender bewacht.

Bin kein Kostverächter
guter Tagesflüssigkeit,
schlürfe sie vom Rand ab,
rinnt hinab in Dunkelheit.

Langsam tauch ich höher
in die Subjcktivität,
als der Rest des Schlafes
in Vergessenheit gerät.

Nur ein letzter Zipfel
ist verankert tief im Stiel,
der mich nachts zurückzieht -
bleibt Verbunden mit den Ziel.

Ein unvollendeter Brief

Ein Tropfen schmilzt auf dem Papier,
darunter stirbt ein Stück vom Wort,
mein Herz hört auf, zu bluten hier,
die Zeit, gefroren, bleibt vor Ort.

Gefangen in Vergangenheit,
was wir erlebten, ein Moment.
Warum lief weiter nicht die Zeit,
die uns von meinen Plänen trennt?

Noch bilde ich mir Sätze ein,
zu füttern dieses leere Weiß,
sie töten ab, doch soll'n befrei'n,
sie mildern nicht der Liebe Fleiß.

Ein neuer Tropfen fällt aufs Blatt,
ich hör Sekunden wieder hart,
die Feder nicht mehr Tinte hat,
hat mich vor Dummheit klug bewahrt.

Um Kopf und Kragen *(vom Reden um den heißen Brei)*

Ich fliehe die Phrase und lauf aus dem Felde
im Suchen nach Resten von nutzlosen Worten;
gesagt ist Gesagtes, das Willen vermählte,
doch kann ich die Anker des Standpunkts nicht orten.

Zerfranst ist das Zetern durch bohrende Fragen,
die Silben des Puzzles zersprengen den Rahmen;
sie drücken den Kopf in den schnürenden Kragen,
nachdem ihre Laute Verlustangst bekamen.

Noch ist es zu spät nicht, das Spiel zu verlassen,
denn wenn ich nicht rede, kann nichts mehr geschehen;
es lässt zwar die Tatsachen auch nicht verblassen,
doch können auf bröckelndem Satz sie nicht stehen.

Entlasse den Hals aus dem Schlucken der Klemme,
ein Räuspern befreit mich vom Schutt einer Lüge,
die Wahrheit ist leicht, wenn ich Wörter nicht stemme,
ich kann nichts gewinnen, wenn ich es besiege.

Animal charm

Ein Vogel singt vom Fensterbrett,
ein Eichhorn turnt im Tanngeäst,
die Biene findet Blumen nett,
der Igel seinen Bau verlässt.

Die Katze lauert unterm Busch,
doch dieses Mal gewinnt die Maus,
der Hund, der bellt, macht meistens ‚Kusch',
mein Goldfisch findet nicht hinaus.

Der Schnecke fehlt das Zeitgefühl,
das Spinnennetz im Tau liegt brach,
der Schmetterling im Flügelspiel,
Marienkäfer macht es nach.

Der Maulwurf, Käfer und auch Wurm,
sie leben unter dem Revier,
die Ameise baut einen Turm,
ach ja und ich bin auch noch hier.

Tropfen auf den heißen Stein *(vom Geben)*

Der graue Spiegel dieser Stadt
im Schaufenster zwei Augen hat,
sie schmelzen Kuchen nicht dahin,
zu teuer um sich satt zu seh'n.

Ich hadere meinen Blicken nach,
verkreuzt im Glas, sie liegen brach;
ein Lächeln meinerseits erringt,
was sonst wohl kaum noch in sie dringt.

Dann zugewandt, und nicht mehr leer,
geschämt für heimliches Begehr;
ich kann der Not nicht widersteh'n
und lass den Luxus ihr gescheh'n.

Bestärkt durch meinen kühnen Wahn,
bezahl ich einsam meinen Plan,
doch der besteht des Zweifels Krieg;
ein Lächeln gibt mir's Geld zurück.

Ein Tropfen auf den heißen Stein
kann Wasser auf die Mühle sein,
die Masken zu Gesichtern dreht:
Was kostet's schon, wenn man versteht?

Benebelt *(von nebligen Tagen)*

Im See versunken, Hierarchie,
die gestern noch Gebirges Schlag
im Tal Beweglichkeit verlieh;
die Flaute bricht kein Licht im Tag.

Die Dauer kriecht aus dem Moment,
ergießt sich in Empfindsamkeit,
stagniert im Harren, das sonst rennt
und nach Veränderungen schreit.

Noch überrumpelt vom Beginn,
beschleicht mich hell der Hinterhalt;
um eine Konsequenz zu zieh'n,
ist's - früher als gedacht - zu kalt.

Narkotisiert vergilbt mein Tun,
ein Farbenzeichen ganz zum Schluss,
das Licht hat Lust, sich auszuruh'n,
weit hinterm Weiß die Nacht sein muss.

Bedeutungen

Es ist der Ort, der die Erinnerung verweilen lässt,
die mit den Bildern erst Bedeutung in die Räume presst;
es nimmt sie mit, wer ihre Sehnsuchtsreflexion erfand,
und hinterlässt für einen Fremden nur ein fremdes Land.

Der Mond, das Flugzeug und mein Blick

Im All, umkreisend ohne Ziel,
darunter lässt's das Land zurück,
fernab bin ich und denk nicht viel,
der Mond, das Flugzeug und mein Blick.

Die Bahn schreibt nur der Zeitmoment,
die Spur verblasst das Windgeschick,
mein Schauen trifft das Firmament,
der Mond, das Flugzeug und mein Blick.

Das Schicksal rastet Orte ein,
ein Zu-Fall und kein Rechentrick,
kaum gerader kann die Richtung sein,
den Mond durchs Flugzeug trifft mein Blick.

Mein Zeitenbruchstück schon zerfällt,
in Umlaufbahn und Strahl ins Glück,
mein Auge sinkt, EIN Schicksal zählt
für Mond, das Flugzeug und den Blick.

Regenbogen

Im tiefsten Grau der Lichtverdammung
faltet sich der Fächer auf;
mit Rückenwind der Notbeflammung
bricht der Regen seinen Lauf.

Er bohrt sein Licht in Horizonte
und verbindet die Distanz;
dort wo sich Wolkenschatten sonnte,
sieht man selten seinen Glanz.

Ein unnahbarer Einzelgänger,
nur umschwärmt von dem Kontrast,
der weit entfernt Momente-Fänger
in das gleiche Sinnen fasst.

Schon löst er sich im Rausch der Wetter,
überlässt dem Wind das Feld;
sein Schauplatz ist schon wenig später
nichts, wovon man sich erzählt.

Mond im Fenster

Der Mond greift durch das Fenster
nach den Resten eitlen Lichts,
verwischt die letzten Farben
meines spiegelnden Gesichts.

Das Werk des Tages leuchtet
dort in seiner Maske nach,
die Schatten meiner Blicke
legen Einbahnstraßen brach.

Die Spur des Alls begöttert
eine Stille durch den Kuss,
als ‚gleichgestellt' mein Körper
in die Dinge fließen muss.

Betrogen die Romantik,
die die Menschlichkeit verspricht;
im Schwarz und Weiß der Nächte
nimmt Kontrast mich in die Pflicht.

Ein Stern frohlockt das Auge,
noch zu füttern meinen Geist;
die unverdauten Sinne
haben ihn zum Teil verspeist.

Verdrehen stolze Himmel
auch noch diesen Selbstversuch,
verschließen Lider Tore
der Geschichte ohne Buch.

Trampolin

Ein Sprung in die Luft hebt den Ballast hinfort,
beflügelte Kluft spreizt ein Loch in den Ort,
die Schwerkraft entrückt meiner Körpervision,
der Herzschlag zerdrückt die Empfindungsbastion.

Ich fühl mich versteckt im Moment keiner Kraft,
vom Umriss verdeckt, der in Zeitlupen klafft,
es altert die Welt um den Bruchteil der Gunst,
die Ahnung erzählt mir von göttlicher Kunst.

Sie bringt mich zu Fall aus vertiefendem Hoch,
schon schließt zerebral sich das bergende Loch,
synchron dazu zieht diese Welt am Gesicht,
bis wieder sie flieht aus der lastenden Pflicht.

Sekundenschlaf

Vergrößerte Sekunden aus dem Schlaf,
gefangen in den Augen meines Blicks,
verweigern dem Verlust jedwede Angst,
bereichern sich am Missen des Geschicks.

Der Bann treibt das Gehör in einen Sturz,
das Blinzeln zerrt die Rampen aus dem Licht,
das Herz legt in den Schlag nur seine Kraft,
im Körper legt sich Blei auf das Gewicht.

Der Atem springt vom viel zu schnellen Zug,
entlassen liegt die Zeit im freien Raum,
in Adern hinterlässt das Blut kein Bild,
es hängt der Stamm nicht länger mehr am Baum.

Vor dem Fenster

Ein Gesicht sitzt in den Zweigen
meines Baumes vor dem Fenster
und es spielt mit tausend Geigen
Trauertanz der Windgespenster.

Auf dem Glas zerschellt das Prasseln
zu den Stimmen meiner Stimmung,
sagt, dass solch ein Säbelrasseln
dient der Geistesrückgewinnung.

Akzeptierend, dass die Feste
sich nicht zwängen in ein Trübsal,
streift mein Horizont die Äste,
malt hinein ein Bild vom Glücksfall.

Das Gesicht verfällt in Stille,
als die Tropfen nicht mehr sprechen,
scheint zu lächeln, und mein Wille
es zu sehen, wird nicht brechen.

Geburtstagsreste

Matronen gleich und konserviert
der Glückwunsch nun in Krusten,
mit ersten Flocken schon verziert
nach blühenden Verlusten.

Gelächterspuk liegt kreuz und quer,
versilbernd die Ruinen;
ein Scherbenstück erstaunt nicht mehr
die Schatten froher Minen.

Verjüngung stieß im Kompliment
die Zeit durch Kaffeetassen;
die Ränder, die vom Mund getrennt,
mit ihrem Wunsch verblassen.

Was war, hat Plauderei verbrannt,
was kommt, ersann das ‚Sattsein',
was ist, hat man vom Tisch verbannt,
‚was soll's?' ertrank im Schaumwein.

Nun stumpft das Flackern Lichter ab,
umraucht die Nostalgien;
die Kühle, die der Abschied gab,
wird in die Zukunft fliehen.

In dir verloren *(von der Trauer)*

Sie ist gegangen,
unverhofft,
und mein Gemüt ein Loch aus Eis.
Ich bin gefangen
im Verstand,
zu glauben, was ich plötzlich weiß.

Die Zeit des Abschieds
gab es nicht,
die letzten Worte, temporär.
Versuch des Schlaflieds
schreckte auf,
entsetzte mich nur einmal mehr.

Was sind die Tage
ohne Nacht,
wenn ich in ihnen SIE nicht find?
Ich hab mich weit nun
fort gebracht,
um nur zu weinen wie ein Kind.

Im Strom der Fragen
kein Gesicht,
das sich vergreift an meinem Zorn.
Ich möchte sagen
nur dem Licht:
Ach hätt' ich mich in dir verlor'n.

Ehrliche Liebkosung

Die Lippen zerfließen das Tor der Erwartung
und öffnen den Strom, der den Schmetterling ruft;
sie können nicht glauben, dass ihre Vertiefung
die Kraft hat, den Worten zu nehmen die Luft.

Nicht länger gedrängt zwischen Herz und Bedenken,
entfleucht eine Schar in den Sturzflug hinan,
umschwirrt mit dem Duft aus Berührungsgeschenken
die Häutung der Zärtlichkeit aus ihrem Bann.

Vergangenheitslos, um die Zukunft nicht bangend,
entlässt der Moment Offenbarung der Zeit;
es zählen Sekunden, den Raum nicht verlangend,
entzieh'n Illusionen die Unwirklichkeit.

Im Lösen des Augenblicks haften noch Bilder,
benommen, zu ehrlich, ihr wahrhafter Schein;
Pupillen beleuchten das Aufwachen milder,
sie wollen dem Trugschluss zuvorkommend sein.

Migräne

Das Hämmern der Tage zerklopft meine Ziegel,
bevor noch ein Richtfest den Hausgeist beschwört;
in dämmernder Plage zertropfen die Flügel
des Bauwerks, in das mich der Wahnsinn entführt.

Gebrochene Mauern, geschmückt noch mit Bildern,
zerreißen die Farben im Sprung jeden Schlags;
zerstochenes Lauern, verrückt durch das Wildern,
verkümmert im Abraum des Leidensertrags.

Bezwungenes Schmiegen an Nebel der Trümmer
erkennt durch die Schwaden Ruinen aus Schmerz;
errungenes Liegen im Knebel der Krümmer
erfleht sich vom Pochen ein schlafendes Herz.

Kakaoblume

Tief im Traum von Schokolade
sitze ich im kleinen Glück,
Löffel sucht kakaoversunken
in der Creme den Augenblick.

Schaumverliebte Lippen locken
meine Zunge ins Gemüt,
schweifend summt ein Seufzer leise
dem Genuss ein Liebeslied.

Eine Blume gegenüber
grüßt die Blüte im Kakao;
Schokoladenblume heißt sie,
der ich Lächeln anvertrau’.

Waldspaziergang

Durch Morgenluft gestählter Atem
pflügt domestiziertes Blut,
lässt Ungedanken nicht mehr waten
durch die Schlacke ohne Flut.

Der Nebel perlt in meinen Lungen,
Borke dominiert den Fluss,
von ihrer Stammeskluft durchdrungen,
nichts sich mehr enthalten muss.

Mein Schlenkern dringt in jede Zelle,
leichten Fußes spurt der Pfad;
ein Schritt ist nur die schwache Schwelle,
der sich Unbeschwertheit naht.

Die freigelegten Intensionen,
ohne Ziel im rechten Lauf,
verlassen mich, um mich zu schonen,
nehmen mich nicht mehr in Kauf.

Umspielt von inhalierter Prägung,
stirbt der Stolz der Konvention;
das Leben zieht mich in Erwägung
und läuft nicht vor mir davon.

Zeit der Liebe *(von der wahren Weihnachtszeit)*

Durch Zwang der Jahreskreise
liegt die Spannung im Gefühl,
das Ende meiner Reise
mich zum Anfang bringen will.

Doch lässt sie mich erst stranden
in der Zeit aus Müßiggang,
zu schau'n, wo sich befanden
die Klischees aus Tatendrang.

Im Dämmern liegen Lichter,
die das Irren heimwärts führ'n,
zu blicken in Gesichter,
um die Wichtigkeit zu spür'n.

So wird die Zeit der Liebe
eine Frucht der Festlichkeit
und nicht ein Streit durch Diebe
um die Sucht nach Stresspflichtzeit.

Letzte Perle

Sah den Morgen deiner Hoffnung
und befreite Euphorie,
Bäume mit dem Blick ausreißen,
wo ein Zweifel nicht gedieh.

Hörte Stimmen in der Stimme,
die mich baten, zu versteh'n,
dass die Wahrheit nur vertreibe
letzte Möglichkeit, zu fleh'n.

Fühlte Schwäche aus dem Atem,
den das Lächeln standhaft hielt;
hinterm Kuss versprach das Leben,
dass der Tod ihn nicht bestiehlt.

Als wir Tage nicht mehr suchten,
da der letzte Tag uns fand,
lag Verzweiflung unter Lidern
doch auch lang ersehntes Land.

Deine Hand ergraute leise,
Glaubens Kälte mich erstach;
unsre Liebe bleibt die Perle,
die uns schmückt bis ins Danach.

Verwaister Ruhepol

Dem Feld entflieht mein Blick zum Hain,
entlässt mich aus der Position;
als Punkt im Zufall ziemlich klein,
vermacht er mich der Sensation.

Enthoben aus der kurzen Sicht,
schießt mein Verlangen tief hinaus,
ich spür mich hinter meinem Licht,
zurück bleibt nur ein Schneckenhaus.

Da draußen hält die Welt mich an
als ich gen Horizont will zieh'n,
doch nur damit ich sehen kann,
wie leicht es ist, dort hin zu flieh'n.

Verliere mich in einem Schweif,
der dem Zenith zu folgen scheint;
vielleicht bin ich noch nicht so reif,
da er den Seufzer nur verneint.

So wirft er ihn zu mir hinab,
auf den verwaisten Ruhepol;
erst wenn ich ohne ihn mich hab,
ich einmal noch verreisen soll.

Regentropfen

Der Tropfen aus dem Segen,
der verrinnt fernab vom Fluss,
entsprang doch jenem Regen,
der wie er verenden muss.

Ins Tal hinab gezogen,
hält sich noch am Leben fest,
im Schleier nicht geflogen,
sieht er klar, was er verlässt.

Erfährt die Spur des Rinnsals
und vergrößert den Moment,
den Flüchtigkeit des Hinfalls
ganz weit unten nicht erkennt.

Vergangenheit scheint einsam,
doch benetzt mit Gegenwart
erspürte sie, wer heim kam,
hat den Duft mit ihm gepaart.

Und sind sie längst verflossen,
von der Tiefe aufgezehrt,
bleibt durch Geruch gegossen,
was Wahrhaftigkeit erklärt.

Dämonen des Abends *(vom Sinnieren)*

Ich sitze fein im Sofa meines Wintergartens,
und ich schaue in die Flammen im Kamin;
um mich herum die Röte meines Weins
und aber tausend Zukunftsblasen,
die mich heute hierhin, morgen dorthin tragen
und die Welt mich schmecken lassen;
später Schauer des Vergessens
treibt mir meine Überhitzung
aus dem Kreuz des Tages in die Nacht,
wo alle Geister ruhen
und Dämonen nur ein Glutfleck sind,
der sich beim Öffnen einer Tür zum Garten
durch den Sog der Freiheit
selbst das Leben nimmt.

Heavy Metal

Die Vorhut meißelt Stahl in tiefen Mitteltonbereich. Klopft an mit glatter Härte und bohrt Rhythmen in das Fleisch. Ein Hieb dazwischen prallt an die Erwartung aus dem Hauch, und grummelnd hebt der Untergrund die Seele in den Bauch.

Das Schwermetall persönlich walzt die Ebene in Schwung, die Wellenberge ballen rege Glückserneuerung. Gesättigt stehen Haare tief im Guss des Schauerschwalls, der Körper integriert im Rausch des Stereokanals.

Die Wiederkehr des Höhepunkts ergibt sich in den Schmacht, den nur das Solo übertrumpft und noch verschwitzter macht. Die Saiten proben noch einmal Exempel in die Wucht; sie tritt noch dreimal nach, schlägt letzte Zweifel in die Flucht.

Dialog mit einer Rose

Von deiner Blüte fiel ein Blatt, ich sah's entflieh'n vor meinem Sinn. Dass sie schon bald ein Ende hat, kann sich der Wahrheit nicht entzieh'n.

Und doch bin ich nun überrascht, ich fürchte, was sich offenbart: Verkleidung, die der Tod erhascht, so selbstgefällig seine Art.

Schon wieder fällt eins müd' hinab, und ich versuche, zu versteh'n; noch hält dein Stolz dich davon ab, mit ihm zusammen fort zu geh'n.

Du kleine Rose, was geschieht? Kein Dung, der dich erhalten könnt, kein Wasser, das noch Leben sieht, nur meine Hoffnung dich verschönt.

Dein letztes Blatt ich sanft berüh'r, so wertvoll, doch nur endlich weich. Ich fleh dich an, behalt es dir als Jugend ohne frisches Fleisch.

Nichts hilft, du gehst, weil es dich führt, wie viele andre vor dir schon, wie alles was sich einst verliert, was kam ist immer auch gefloh'n.

Daneben flüstert mir schon zu ein Gruß aus neuem Blütentraum: „Wir sind nun mal nur 'ich und du', zu mehr, da reicht das Leben kaum. So nimm mich, oder lass mich hier, genieß Bewusstsein durch die Zeit, doch Tränen lass nicht nehmen dir, zu küssen unsre Ewigkeit."

Stern aus dem Auge *(vom Fallenlassen in die Nacht)*

Es fällt ein Stern aus meinem Auge,
schweift in eine Welt aus Nacht,
er lädt die Tränen ein zur Reise,
ganz ohne Ziel, nur frei erdacht.

Vermissend keine Horizonte,
er findet sich in Tiefe ein,
seine Trabanten finden Frieden,
der sich ergibt im Augenschein.

Das Schweifen geht doch nie zu Ende,
zu schauen nichts ganz ohne Schmerz,
nur Harren im Moment kann schmerzen,
wer sich nicht regt verliert sein Herz.

So schick ich meinen Stern, zu wandern,
zu tragen Leid durch Zeit und Raum;
solang sein Licht nichts Neues findet,
sind Tränen sicher in dem Traum.

Die Reise selbst birgt ihre Hoffnung,
die singend durch das Dunkel zieht,
wie frühes Wiegen eines Kindes,
das sich geliebt fühlt durch ein Lied.

Überhitzung

Gestern noch erstarrte meines Blickes Ende dort,
wo schon heute Mittag schwimmt der Horizont hinfort.
Klare Fronten ließen Platz, den Bildern zu entgeh'n,
jetzt verstellen sie die Wege, alles klar zu seh'n.
Kühler Kopf erwärmte Winde, Atem brach hinein,
Wabern um die Schläfe wickelt Ferngedanken ein.
Fest entschloss'ne Schritte durch die kantig klare Luft,
angetriebne Tritte waten durch geschmolz'nen Duft.
Menschen distinguiert, und wenn mal nicht, dann wirklich treu,
jetzt sind alle fröhlich, doch sie fühlen sich nicht frei.
Wünsch mir eine Blase, die mich durch die Hitze führt
und mich nur erwärmt, wenn jemand kühlend sie berührt.

Relationen

Relationen

Überleben *(vom medialen Abstumpfen)*

Schleichend sich die Nacht verschließt,
als das letzte Glas erbleicht;
dort wo niemand mich erschießt,
ist das Überleben seicht.

Sah dem Tod beim Spielen zu,
kurz nachdem er Ernst gemacht,
wiegt mich nun in meiner Ruh,
hat wie immer froh gelacht.

Harrte Schluck für Schluck voran,
doch die Zeit kam mir zuvor;
ändern konnte ich nichts dran,
dass ich wieder mal nicht fror.

Doch als Gönner aus Vernunft,
lass ich Siegern den Triumph,
dass des Tages Niederkunft
machte mein Empfinden stumpf.

Pubertätsphilosophie (Akrostichon)

Prinzipientreue
Unbedarftheit
Balzt
Erlesen
Rat.
Tabubesess'ne
Ächtungsfreiheit
Tritt
Statuten
Platt.
Hormonfrustrierte
Ideale
Loben
Ohne
Salz.
Offertenlose
Potentiale
Harr'n
Im
Edlen Schmalz.

Offenbarte Kunst

Wenn sich Kunst erst offenbart,
fälscht sie reflektiertes Licht,
denn im Dunkeln bleibt bewahrt,
was dem Urmoment entspricht.

Schreit die Ohnmacht frei heraus,
die Entstehung ist das Werk,
an die Starre prallt Applaus,
resümiert vom Augenmerk.

Weit dahinter bleibt es still,
wo Dynamik noch bewegt;
was der Künstler wirklich will,
sich ihm in Erinn'rung legt.

Aus der Suche dieser Kraft
lebt die eine Welt fortan,
in der parallelen klafft
nur ein Bild, das dies nicht kann.

Ausgerutscht

Wenn mal wieder einer aufflog,
werfen andere mit Dreck,
denken sich den eignen Holzbock
mit Rhetorik einfach weg.

Denn auf Schalen der Bananen
frommer Hin-und-Her-Replik
sterben selten Spaßtyrannen:
Ohne Rückgrat kein Genick.

Mainstreamliteraten

Es strömt der weise Literat
vorbei an dem, was er nicht hat,
das seine Weisheit gern verstört;
wird nur vom Weisenrat erhört.

Denn nicht der Wörter Toleranz,
vielmehr der Mainstreamaffentanz
verkumuliert sich im System
als Weihrauch mit Kulturemblem.

Was siegt, ist alles, was nicht fragt,
so schön aus Buchregalen ragt,
beschwert beschwingt den Intellekt,
der Kritikern ... ihr wisst schon ... leckt.

So schreibt der Eig'ne schräg vorbei
am „so soll's sein fürs Einerlei",
brüskiert Lektorenkonferenz
samt schicker Handelskompetenz.

Doch eins geb' ich ihm auf den Weg,
verlass nicht den gefund'nen Steg,
er scheint zwar dünn ums Meer zu zieh'n,
doch trägt er dich, wo Fische flieh'n.

Unendlichkeit *(von der Selbstverständlichkeit des Todes)*

Während mich der Sonntag zur Unendlichkeit verführt,
hat er wen beendet und mich einfach nicht berührt;
fühl in meinem Garten, wie sich alles fühlen muss,
treib vorbei an Löchern, die durchwachsen meinen Fluss.

Kann den Sog nicht finden, der mich selbst zum Abgrund zieht,
weil der Sturz des Lebens viel zu schnell um Einsicht flieht;
falle nur in Nächte und vergleich sie mit der Nacht,
die am Tag die Lichter hinterm Loch nicht mehr entfacht.

Dann erwach ich wieder und treib immer noch voran,
eine Stufe tiefer hat sich oben nichts getan;
viel zu dicht scheint alles, was der Untergang verzehrt,
‚plötzlich' ist ein Wort das sich dem Daseinstrieb verwehrt.

Kultivierte Illusion *(von der Feigheit, nicht sehen zu wollen)*

Kultivierend nur die Hülle vom Verständnis,
die sich aushöhlt beim Durchgraben ihrer Zeit,
sink ich nieder vor den Toren der Erkenntnis,
wo der Schlüssel sich im Schloss schon auf mich freut.

Der Versuchung konnt' ich lange widerstehen,
meine Sicht hat das Geheimnis nie tangiert,
und anstatt den Schlüssel mutig umzudrehen,
hat mit Klebebildern Feigheit ihn fixiert.

Nur ein vager Strahl verkrümmt versperrte Blicke,
durch das Schlüsselloch verführt er meinen Zank,
will entreißen meinem Trugbild die Geschicke,
ich entschärfe meine Augen und bleib krank.

Was ist der Rest *(vom Koma)*

Das Großhirn verlässt die Materiensehnsucht
und trennt Ignoranz von der einsamen Kraft,
pulsiert im Erwarten der einzigen Ausflucht
der Antwort entgegen, die Fragen erschafft.

Verlassene Ruhe scheint, nichts zu besprechen,
Verzagtheit entsetzt jede Chance, zu versteh'n;
noch sitzt diese Flamme im aschenen Brechen
und kann der Bestimmung nicht einfach entgeh'n.

Geschichten, gesammelt, sind längst nicht erkaltet,
ein Hauch trägt davon, was die Ewigkeit ruft;
sie werden zwar nicht mehr berechnend verwaltet,
doch tief im Gesicht als erlebt eingestuft.

Dem Raten um Tod und Organdiskrepanzen
entgleitet die Welt, die ihm unheimlich ist;
als höchste Bemessung der eignen Instanzen
ist jenes nur Rest, den das Jenseits vergisst.

Fliesentischerfolge

Auf dem Fliesentisch
fegt das pflichtentdeckte Tuch
Flecken des Gedankenmarathons
in Bierdeckelnischen.
Inmitten ihrer Labyrinthe
sieht das Hausmannsprost
Alternativlosigkeit
zu Kreuze in den Fugen kriechen.

Wenn der Nachbar lärmt,
wird der eingeflößte Mut
abstrahierter Flurmanöverflucht
sein Elend erwischen.
Nach Schlagabtausch verbohrter Türen
ist der Tag Erfolg
in Behütung seiner Zeit,
vergönnend, den Balkon zu riechen.

Entscheidungsbaum

Das Glück der Gewichtung von Prioritäten
versetzt mich entlastend in tückische Ruh;
nun hab ich es so, wie's die Dinge gern hätten,
Zerstreuungen später geb' ich es nicht zu.

Dann rast die Befragung erneut durch die Szenen,
erlebt und nach Grübeln verbarrikadiert;
sie fordern mich auf, wie im Zwang, sie zu dehnen,
damit sich darin eine Antwort verliert.

Ich greif' in die Zukunft, verwandle die Wahrheit,
doch kann sie als Rückschluss im Vorfeld besteh'n?
Der Fundus aus Nebeln der alternden Klarheit,
verbraucht sich mit jedem erneuten Verseh'n.

Der Fokus zerfällt so in Felder der Wehmut;
nicht Fleisch und nicht Fisch, ganz egal, was ich wähl,
doch scheint mir das stete Versinken in Demut
nur Rücksicht auf Ehrgeiz durch äuß'ren Befehl.

Ich lasse die Lider ein letztes Mal fallen,
verberge das Licht, aber nicht meinen Traum,
dann muss ich für Wünsche mit Zorn nicht bezahlen;
die Wurzel im Innern schenkt Zweige dem Baum.

Zeitenmanifestation *(von der Relativität der Zeit)*

Einsam zählt das Ticken meiner Uhr,
alle Zeit gehört dem Rhythmus nur,
doch begeb' ich mich in diesen Bann,
scheint die Suche nach dem Sinn vertan.

Mein Entgleiten in die Ewigkeit
nach und nach die Dimension befreit;
überwirft sich mit geglaubter Norm,
prägt in Stille mannigfaltig Form.

Hör mein Herz, das sich ums Leben schlägt,
wäre tot, wenn von der Uhr geprägt,
und die Zwänge meines Lebensdrangs
laufen durch das Drängen andren Zwangs.

Um die Uhr verrinnt mein Heim zerhackt,
Automaten füllen Zeit mit Takt;
jeder Mensch, der in mein Fenster grüßt,
ist ein Rhythmus, den die Zeit verbüßt.

Alle Regentropfen zähl'n erneut,
was milliardenfach die Zeit zerstreut;
ganz entfernt zerschlägt ein Donnerhall
Angst vor Blitzen in ein Intervall.

Selbst ein unberechenbarer Schlag
einen Abschnitt definieren mag;
also bleibt die Uhr nur die Vision
einer Zeitenmanifestation.

Unschärfen *(vom Mitgerissensein in der Zeit)*

Stehe ich still, um die Zeit zu erkunden,
ziehen Nomaden darin ihre Runden,
kurze Momente sind kaum noch zu tragen,
fordern von ihnen, ihr Zelt aufzuschlagen.

Leben dazwischen, getrieben von Winden,
um mich herum scheint sich nichts zu verbinden,
nur die Stationen erweisen dem Keuchen
flüchtigen Atem, dem Sturm zu entfleuchen.

Sehe in Fenstern kein altes Zuhause,
nur in Gesichtern den Tod ihrer Pause,
reichen sich Hände, um nichts zu bedingen,
lassen sich dazu von Umständen zwingen.

Jede Erkenntnis verschleppt ihre Fragen,
schleift sich zur Unschärfe gleitendem Jagen.
Find ich mich selbst noch im Schatten der Schlieren
oder erzwingen die Fragen mein Irren?

Kommunismus

Der Kommunismus ist verpönt,
weil man ihm gern den Missbrauch gönnt,
um einer Angst zu widersteh'n,
die nicht im Missbrauch ist zu sehn.

Der Popanz ist ein weites Feld,
als Spiegel dessen, was schon zählt;
in Dankbarkeit an sein Gestirn
kann jeder uns damit verführ'n.

Der Gegner stutzt das hehre Licht
zum Störenfried in alter Pflicht;
das schönt die Scheindemokratie
zur ‚König-Kleingeist-Monarchie.'

Der Schreier ehrt den Urkomplex,
die Theorie erscheint konvex,
das Licht dahinter meistens klein;
vergrößert wird's sein Schatten sein.

So läutert sich der große Geist,
den alle Theorie verschleißt:
Wird schwache Wut zu sehr erhellt,
sie bald in starke Rücken fällt.

Schönheit des Verfalls

Ist alles Licht der Welt nicht wie ein Blumenmeer der Zeit -
im Blühen der Kontraste nicht ein lernendes Geleit?

Ist der Kontrast nicht selber schon ein Schmetterling des Alls,
das Schlagen seiner Flügel nicht ein Puls des Allzerfalls?

Ist der Zerfall nicht Wert genug, dem Rhythmus zu entgeh'n,
indem wir seine Takte nicht als Abgang nur versteh'n?

Dann birgt der Abgang Blicke in den Zustand seines Seins,
befindet sich Zentrum und erfindet sich nicht eins.

Kreise *(vom Kreislauf des Lebens)*

Hineingeschmissen in den Kreislauf
fegen wir durchs Blau.
Gefangen im polaren Feuer
drehen wir uns flau.
Der Anfang scheint nur a priori,
schlüpft aus dem Versteck.
Das Ende trifft ihn überlappend
und ist niemals weg.

Gesichtsfelder

Im Gesichtsfeld liegt der Fokus,
um mich permanent zu finden;
an den Rändern, Hokuspokus,
mich die Zweifel bald entzünden.

Dieses scheint, mich zu entflammen,
zieht die Starre ins Verhängnis,
ist ein Spielball in dem Rahmen
mit Voraussicht in Bedrängnis.

Von der Mitte zu den Rändern
wandern unaufhaltsam Sichten,
um den Brennpunkt nicht zu ändern,
nur im Rundgang gleichzurichten.

Dabei zieht die Schärfe Schlieren
zum Verkreuzen der Ideen;
nur nicht das Gesicht verlieren
und im Fadenkreuz bestehen.

Überspannung *(vom Umgang mit Wissen)*

Vorgebildet reißen sie die Fakten aus den Wurzeln,
reihen sie auf dünne Fäden treuer Eitelkeit;
sammeln Weisheitsperlen, die durch Wissenschaften purzeln,
treten sie in Lücken der Zusammenhänge breit.

Passend sind die Glieder weil der Ursprung sich gern windet,
schenkt dem losen Glitzern intellektuellen Stil;
niemand traut sich das zu suchen, was ihn wahrlich bindet,
sprengte viele Perlen aus dem Überspannungsspiel.

Funkelnd schlängelt sich die Sammlung frei geschmückten Wissens,
nie verbindlich im Verbund aus neumodernem Strass;
Glaube ist das Wissen aus der Absicht des Bemessens,
Wissen - ein Bemessen aus Verbindlichkeit im Maß.

Wurmloch

Ich bin da,
multipel, engagiert und talentiert.
Als Hampelmann mit Stolz prognostiziert,
im Frohsinn vielgeschäftig endfrustriert,
der Norm ganz unverbindlich aufgraviert,
zum Wohlgefallen aus dem Selbst geirrt.

Ich bin fort,
vereinsamt, unverziert und ausseziert.
Im Fluchtpunkt Unbeständigkeit erfriert;
das Wichtignehmen dort ein Loch gebiert,
in seinen Sog zum Leben eingeschirrt -
im Parallelen niemand auf mich stiert.

Gleichgeschaltet

Die Intellektualität
ist oft ein Spiel der Klientel,
die gern den Intellekt versteht
als naseweisen Modedrill.

Doch wenn die Menge sich erhebt
hat diese nie den hohen Sinn,
der nur im Kreis des Kleingeists lebt,
dem die Erhebung sei verzieh'n.

Ein Gegenpol als Medium
fürs abgelenkte Trauerspiel,
ereifert im Delirium
als opportunes Angriffsziel.

So heucheln sie Betroffenheit,
verquerer Parallelität
im subalternen Meinungsstreit,
der sich als Monolog versteht.

Was gleichgeschaltet sich erwehrt,
kann Vehemenz vom Feinsten sein,
es zeigt dem Untergrund, was ehrt
und heimst von oben Preise ein.

Relativ

Die Umwelt nimmt den Schaden nicht,
zu unserem verändert sie als Reaktion ihr Angesicht,
Physik verwechselt nicht Chemie.

Das Gute ist ein Ruhepol,
der Selbsterhalt im steten Fluss ist nur ein relatives Soll,
wer Böses will, nicht bös sein muss.

Der Untergang erscheint obszön,
Entwicklung folgt nicht Nostalgie und endet astronomisch schön
als etwas, das noch nie verzieh.

Die Frage nach dem Grund läuft irr,
der Treibsand folgt dem Sternenwind durch mich und dich als Zeit im Wir
vom ersten bis zum letzten Kind.

Lebenslicht der Freundschaft

Wenn uns das Licht im Wimpernschlag
zur Unzeit unsrer Ungestalt
auch manches Mal verlassen mag,
so bleibt die Aura doch nicht kalt.

Und zieht ein scheinbar letzter Rauch,
sich himmelwärts zur Dunkelheit,
springt eine Flamme in den Hauch,
entzündet jenen Docht erneut.

Ein Lebenslicht mag sich entzwei'n,
doch bricht es nicht aus sich heraus,
solang die Freunde danach schrei'n -
es findet seinen Weg nach Haus.

Zerworfen *(vom Hin-und-Her und Einerlei)*

Zwischen Katapulten der Bedrängnis
flieh ich von Entlastung ins Gefängnis;
nach dem Schleudern in die tote Mitte
reicht der Schwung zu einem neuen Tritte.

Falle kaum der Schwerkraft in die Hände,
glaube viel zu sehr an Bilderwände,
ihre Farben trüben Transparenzen,
saugen hin und her nur Fluchttendenzen.

Wenn die Müdigkeit Verlangen prügelt,
scheine ich nicht länger mehr beflügelt;
stürze aus den kunterbunten Schlägen,
um am Boden neu mich zu erwägen.

Nach der Nacht scheint aller Spuk verschlafen,
zwing Gedanken, mich nicht mehr zu strafen,
doch der Wunsch ist ein fataler Anker,
häng mich dran und werde wieder kranker.

Relationen

Es *(vom Bewusstsein)*

Nicht uns gehört das Sinnen,
sondern dies steht Ihm nur zu,
Es rennt auch nicht von hinnen,
da wir selbst verfall'n in Ruh.

Es weckt uns nicht am Morgen,
nein Es findet uns nur vor,
um sich uns neu zu borgen,
da Es andere verlor.

Die Permanenz des Zu-Falls
in die Unzufälligkeit,
erlebt sich fern des Urknalls
vice versa als befreit.

Doch körperliche Grenzen
sind nur Spielraum für den Tod,
dazwischen bildet Hybris
nur ein kleines Angebot.

Die Summe ist Erfahrung
ohne jede Rechenschaft;
als Werkzeug sind wir Nahrung,
für das Loch, das um uns klafft.

Analysen

Kann man Oberflächen nur durch bloßes Tauchen
untergraben, um die Splitter ihres Sturzes an den
Schnittwunden zu laben,
oder spült man mit dem Licht aus einem Winkel voller
Schatten oftmals mehr Kontrast ins Auge, als die Splitter
jemals hatten?

Nur ein Blitz *(von der Infragestellung der Realität)*

War es nie anders und sind die Geschichten
nur Schwerkraft für diesen Moment unsres Seins?
Wissen wir, ob was wir vorher schon wussten,
geschah, oder ist nur Textur dieses Scheins?

Ist die Erfahrung des Alterns dynamisch,
so dass es die Zukunft gleich mit impliziert?
Sind jene Punkte bewussten Verstehens
nichts weiter als EINER, der niemals sich irrt?

Können die Fragen nur Antworten finden
indem man sie durch alle Zeiten verknüpft?
Sind wir im Stande ein Ding zu bewegen,
das nur wie ein Blitz zwischen Polen kurz hüpft?

Prinzesschen

Abgeschottet liegt Prinzesschen
auf der grünen Wiese,
spielt mit ihresgleichen
‚Oberflächliche Devise‘.

Hochgezüchtet steht Prinzesschen
auf dem Schlossbalkönchen,
sieht in Prozessionen
eine Abwechslung zum Thrönchen.

Angeschmachtet flieht Prinzesschen
vor den alten Freiherrn,
aufgeklebte Pflichten
suchen Ausgleich bei den Freiern.

Ausgeschlachtet schwitzt Prinzesschen
Gold in Scherbenhaufen,
alles was sie wollte
mussten andre sich nicht kaufen.

Abgeschottet liegt Prinzesschen
wieder auf der Wiese:
Hoheit, spiel mit Puppen!
ist des Hofmarschalls Devise.

Drill

Es blutet der Lehrgang für jedes Vergehen,
die Schwäche im Drill lässt kein Ausbilder stehen;
den Eifer, sich für die Nation auszurüsten,
umspielt eine Sicherheit fernab der Wüsten.

Im hochmilitärischen Code wird befohlen,
die Sprache, bemüht, das Gehirn zu versohlen,
wie Schussimitate Befehle parieren,
Kadetten Bezüge zur Wahrheit verlieren.

Noch stolzen aus Toren zum Ausgang die Schritte,
Familien empfangen gestriegelte Sitte;
verbindende Blicke und Zahlkraft aus Pflichten
kann Zukunft und Feste im Wohnblock errichten.

Es blutet der Lehrgang bei jedem Verstehen,
die Schwäche vom Drill lernt, um Leben zu flehen,
den Eifer die Musen der Todesangst küssen,
umspielt von der Sicherheit um das Vermissen.

Reflexionen im All *(von der Satelliten[un]abhängigkeit)*

Die Satellitenschüssel neigt
die Einsamkeit zum Horizont,
dort hinten in der Schwärze schweigt
die Hitze, die weit unten thront.

Die Infektion, zerstört von Staub,
der sich nicht um die Pläne schert,
der Schnee im Bildschirm, letzter Raub,
ein Imitat, das sich verliert.

Als Mittelsmann trug ich hinaus,
die Richtigkeit der Wichtigkeit,
sie schaltete mich niemals aus,
nur auf Standby zur Schlafunzeit.

Das Knirschen unter mir verschallt,
nicht eine Reflektion im All,
die Sterne sind unendlich alt,
verzeihen mir mein Tribunal.

Die goldene Mitte

Die Geister schneiden nun ins Bild
aus permanentem Ruheschmerz;
die Lichter, grün und rot, sind wild
und spuken Gleichheit vorm Kommerz.

Die Pflichtverbote stärkt das Rot,
was lahm und sicher ist, besteht;
der grüne Dunst als Angebot,
zu rauchen, was den Kopf verdreht.

Dazwischen hockt der Ignorant,
gescheitert, bloß am Lebensmut;
das Gelb vom Ei im Urverstand
geht vorwärts nicht, wenn Rückwärts droht.

Polaritäten lud die Zeit
als Energie aus kaltem Traum;
die gold'ne Mitte war er leid,
doch was er nährt, erfährt er kaum.

Gebettet in das tote Feld,
an dessen Rändern Chaos blitzt,
ein Schwätzer eine Rede hält,
die kurzgeschlossen mittig sitzt.

Nicht so verschieden *(vom Nichtverhindertsein des Behindertseins)*

Eingesackt sitzt dieses Lächeln
vor mir dahinrollend
in den Sonnenuntergang;
gekrümmtes Glück der Hände Fächeln,
nirgendwo hin sollend,
wahr aus reinem Lebensdrang.

Fehl ernährt mit Wohl aus Alltag,
fallen nun Lidschatten
aufwärts in ein Jauchzgesicht;
schnell erholt vom Mitleidseinschlag
derer, die Hast hatten,
zu versteh'n grotekes Licht.

Füttern bei der Rast am Wege
ist nicht Methodik
einer Pflichtbemächtigung;
Antrieb dieser Freundschaftspflege
nährt nur Symbolik
unsrer Gleichberechtigung.

Ist der Abend dann zufrieden,
weil er nicht einging
bis zur Reanimation,
sind wir gar nicht so verschieden
fernab vom Unding
jeder Tagesperversion.

Eingestampft

Im Zerreißen über Nichtigkeit
der Wichtigkeit von Lyrik
können jene prima gleißen,
die sie lustlos finden schwierig.

Die Phrasierung aus dem Standpunktsumpf
im Wachstumsrumpf aus Wissen
führt die Diskussionsblasierung
zum thematischen Vermissen.

Mittendrin der Text aus Dichters Hand,
fällt unerkannt das Urteil
über Amoklauf der Geister -
halten Eingestampftes wohlfeil.

Elemente

Das Element entlässt ein Bild
zu einer Reise durch die Zeit.
Doch sind wir auch darin gewillt,
zu respektieren, was befreit?

Das Element verbraucht uns nicht,
um sich in Einbildung zu sehn;
es ward geschaffen durch das Licht,
und wird ihm nicht im Wege steh'n.

Die Kampfsau *(vom Krieger, der die Büchse liebt)*

Die Lady, die begleitet
eines Schützen Blut und Fleisch,
ist, wenn er mit ihr streitet,
unterm Eisen butterweich.

Im Augenglanz verschmiegt sich
seine Mannesschulter hart,
und Aug' in Auge friedlich,
streicht der Abzug Finger zart.

Er gab ihr einen Namen
durch die Leidenschaft der Wucht,
und die, die nicht entkamen,
hat mit Stolz sie tot geflucht.

Die Pflege, wie ein Streicheln
nach erfolgtem Liebesakt;
das Opfer schrie ein Schmeicheln,
von der Durchschlagskraft zerhackt.

Noch immer brennt das Herzblut
ob der Wallung aus dem Schuss;
mit jeder neuen Anmut
einer hässlich sterben muss.

Tornado

Tornado am Horizont dämmert die Stille
und führt kokettierend den Anblick in Not,
und dennoch versteinert mein flüchtender Wille,
so wundervoll, was zu entreißen mich droht.

Entsetzen verzückt das Idyll, sich zu läutern,
das Leblose jauchzt wie noch niemals zuvor;
ich möchte es schätzen und Sinne erweitern,
Verlustangst kommt spät wenn das Leben verlor.

Die Chance ist vertan und verraucht durch den Rüssel,
noch spielt er mit meinem Beschwörungsversuch,
doch dies ist zum Leben nicht länger der Schlüssel;
was ich niemals suchte, erzürnt meinen Fluch.

Verlorene Gnade ist nunmehr ein Wurmloch,
zerreißt meine graue Welt tief unterm Blau;
bevor er mich frisst hat ein Einseh'n er dennoch,
entzieht sich der Laune und pustet mich schlau.

Exhumierung *(von den Katakomben von Paris)*

Die Erben der Ahnen eröffnen das Tor,
das Sterben dahinter sich ewig verlor,
aus Ohnmacht beherbergt, um Glauben zu sehn,
die Andacht war Schädel umhüllendes Fleh'n.

Dem Rotten der Zukunft betrauerter Not
geboten Gebeine, zu achten den Tod,
erzwingend sein ständig verzehrendes Joch,
erringend Gewissen um Platz für ein Loch.

Um neue zu betten, wo alte sich wehr'n,
muss Scheue erschaudernd Vergessnes entehr'n;
Entmodern ergräbt im Entsetzen die Sicht,
dass Lodern der Seelen besteht auf der Pflicht.

Im Wandel der Szene verliert sich die Macht,
am Bandel der Freundin Paris beigebracht,
noch munter - vergraben - dann wieder befreit,
darunter erwarten Gewölbe die Zeit.

Kometen

Der Sturz von Kometen auf blühende Gärten
fragt niemals betreten nach Schmerz neuer Härten.

Das Fallen der Schweife will Zukunft erhellen,
verdunkelnd die Reife, die Schatten erzählen.

Sie wollen im Grünen sich grau integrieren,
wer grün bleibt, muss sühnen und sich interessieren.

Dem Schatten folgt Licht, es soll alles bestrahlen,
und will jemand nicht, muss er trotzdem bezahlen.

Das Leben ist grausam, Kometen ein Schicksal;
den blinden Gehorsam bestätigt das Weltall.

Schizophrenes Bewusstsein

In Träumen versinken die Erlebnisse, verdrängt oder nicht,
und dort bebildern sie die Wand der Nacht mit Tageslicht. Die
Wahrheit reißt sich in der Tiefe dann zusammen, und sie tobt,
wenngleich am andern Morgen sie als Lüge ausgelassen Tage
lobt.
Im Schizophrenen des Bewusstseins liegen Chancen und auch
Wahnsinn seit Primatenzeit beisammen; also kann ich nicht
verübeln, doch beachten, wenn die Tiefen unsrer Kinder an
die Oberfläche rammen.

Jenseits

Was liegt weit hinterm letzten Stern,
am Ziel der Leere durch die Zeit,
wo jeder Geist, dem Denken fern,
sich von der Geistsubstanz befreit?

Wohin verflüchtigt sich das Licht,
ich seh' noch immer wo es war;
wenn nicht Verschwendung, welche Pflicht
hat jeder Stoff, den es gebar?

Wo sind die Worte für die Welt
und die Gedanken, die sie denkt?
Sie haben kaum fortan gezählt,
und sich am Punkt vorbei gelenkt.

Wo ist mein inn'rer Ruhepol,
versenkt in jenem Punkt als Lot,
in dem sich jeder finden soll,
fernab vom Ziel und nah am Tod?

Alles Natur

Wir schreien uns die Umwelt tot
und kämpfen für das Recht im Land,
weil jemand mit Verschmutzung droht;
was Recht ist, sagt uns der Verstand.

Der Altruismus unsrer Norm
begeistert uns für fremdes Gut,
verzerrt die Wirklichkeit der Form,
damit sie uns Vertrautes tut.

Doch Selbstmitleid der Ausgeburt,
die ihren Schöpfer nicht versteht,
ist dieses Kind, das nicht mehr spurt
und sich für Ihn um sich nur dreht.

Die Diskrepanz scheint ausgeschöpft
im Ringen um die Macht im Spiel;
es werden Tatsachen geköpft -
sind Masken auf dem Pappenstiel.

Ob wilder Mensch, ob Mensch im Tier,
 - was ist zerstört, was unberührt -,
ob abgeholztes Wertpapier:
Natur ist, was sie mit sich führt.

Wem gehört die Wahrheit

Was ich schreibe aus Gedanken,
bringt mich schließlich nur ins Wanken,
denn der Fundus meiner Blitze
ist nicht das, was ich besitze.

Dieses kann mir nicht gehören,
weil wir alle es begehren,
aus dem Grund, da es uns bindet
an die Welt, wie sie sich findet.

Also stelle ich nur Fragen,
doch die Wahrheit wird nichts sagen;
selbst das Kollektiv wär' schwächlich,
wär' die Einigkeit tatsächlich.

Kleine Schritte sind beschwerlich,
wenn gar selbst die Macht ist ehrlich;
müdes Lächeln schlichtet Grübeln,
kann sich Ohnmacht nicht verübeln.

Seufze also und erhebe
meine Hand zum Spinngewebe,
wische in die Ordnung Gründe,
die verhindern, dass ich finde.

Verstoßene Literatur

Lyrik ist ein Quasimodo
in der Kirche auf dem Geiste,
lässt die Glocken einsam läuten
um das literarisch Feiste.

Liebt das Schöne, dankt dem Meister
für den Unterschlupf bei Götzen,
darf im Massenwahn der Worte
still auf keine Zukunft setzen.

Kehrt die Ruhe in Gewölbe
aufgestauter Glaubensfragen,
steigt sie nieder aus den Türmen,
um sich in den Raum zu wagen.

Hier verschwinden ihre Verse
noch im Widerhall der Plärrer,
nur in Nischen ohne Echo
sitzen heimlich, stumm Verehrer.

Frankierte Freude *(von der Unehrlichkeit des Lächelns)*

Frankierte Freude schickt ein Lächeln
eingeschrieben durch das Blau;
Empfänger meiner Sendung hecheln,
prüfen den Empfang genau.

Ein Leugnen durch die Widrigkeiten
kann kein Alibi mehr sein;
Gedanken, die auf Blicken reiten,
wäscht die Pflicht zur Antwort rein.

Geheftet in das Buch der Lügen,
bleibt der Gram im Stolz sortiert;
verstaubt nach Jahren, das Betrügen,
das vergilbt den Charme verliert.

Ein ungeahntes Wiedersehen,
welches ohne Nachweis bleibt,
erzwingt, Entrückung zu entgehen
durch ein Lächeln, das nichts schreibt.

(Wer sich nicht mag und Blumen schickt,
beim Wiederseh'n nur Unkraut pflückt;
wer jenes Meiden nicht erst düngt,
sich später nicht zum Bücken zwingt.)

Augenblicke

Mein Lebensweg dem Auge gleich,
die Mitte schwarz im Blau auf Weiß,
nach rechts und links verjüngend bleich,
vom ersten Schrei bis hin zum Greis.

Das Schwarz rollt manchmal zum Beginn,
wo Kindheit Schutz der Tränen sucht,
will dann zum andern Ende zieh'n,
wo Zukunft scheu das Jetzt verflucht.

Dort sucht es Schuld und auch das Lob,
doch findet Wurzeln unterm Baum,
Verantwortung, die sich enthob,
erfährt die Gegenwart wohl kaum.

Natürlich tränt es hier und da,
und auch die Zukunft schaut mal rein,
doch was ich bin, wird dann nur wahr,
red' ich das Geradeaus nicht klein.

(Ab)Schminkspiegel *(vom Ende einer Vorstellung)*

Das Gesicht vom Leib gerissen
und in Alkohol geschmissen,
trennt die Spreu vom Weizen sich,
der darunter längst verblich.

Bretter, die die Welt bedeuten,
sind der Spiegel für das Häuten;
schein-umringt vom Publikum,
bleibt die Schau ihr Eigentum.

Prüfend im Finalentsetzen,
muss Kritik Fiktion zerfetzen;
letzter Tusch dem Lid entwischt,
eh das Spiegelbild erlischt.

Und das Publikum erkaltet,
den Akteur das Taglicht spaltet;
abgeschminkt ist eine Welt,
seine er für sich behält.

Bühnen *(vom Weltalltheater)*

Die abendliche Leere
zeigt die Fülle der Entbehrung;
der Wind zerreißt den Vorhang,
Bühne frei für die Verklärung.

Akteure weit da draußen
ohne Spotlight unsrer Ahnung.
Sind diese wirklich außen
oder wir in der Verbannung?

Das Oben und das Unten
unsrer Schwerkraft-Agonien
hat nichts als uns gefunden,
und das Schauspiel UNS verliehen.

Wo ist nun das Theater,
und wo sind die leeren Stühle?
Wer ist nun wessen Vater,
fragen Geist sich und Gefühle.

Von beiden eingefangen,
schau ich in die flache Weite.
'Dahinter zu gelangen'
stört sich an der Kleinkunstbreite.

Weit außen liegt tief innen,
und der Mond scheint nur in Ecken;
um Günste zu gewinnen,
muss man sie zuerst entdecken.

Punkt der Offenbarung *(von Mutmaßungen über anderer Leute Schicksal)*

Der Punkt der Offenbarung
eines andern Menschen Wahrheit
erscheint als Selbsterfahrung
dieser lang verdeckten Klarheit.

Doch bleibt er unbeachtet
in den Folgen seiner Gerade,
war vorher nie umnachtet
von der Leere vor dem Pfade.

Ich füllte sie mit Spiegeln
und verzerrte eine Richtung,
doch hinter ihren Siegeln
wusste nichts von der Verpflichtung.

Mein Suchen nach der Antwort
auf ein Leben ohne Fragen
nahm Eieruhren Sand fort,
zählten nichts in fremden Tagen.

So läuft die Linie weiter
wie zuvor schon tief im Dunkeln,
ob traurig oder heiter,
weit entfernt von meinem Munkeln.

Schattenjäger *(von der Ohnmacht der Sonne)*

Schattenjäger ist die Sonne
stachelt die Gebilde an,
zwingt uns Farben auf zur Wonne,
reicht nicht an die Schatten ran.

Stellt mich außerhalb der Sinne
als die Kreatur nur bloß,
macht mir vor, dass so entrinne,
was mich in der Nacht umfloss.

Abgelenkt vom Schlag des Lichtes,
jagt er diesen durch den Tag,
doch den Schatten des Gesichtes
er nicht einzuseh'n vermag.

Im Verebben seiner Fluten,
kaum die Dinge schlau gemacht,
strecken sich die schwarzen Kutten
unbesiegbar in die Nacht.

Tanz der Arroganz

Von Wichtigkeit der Welt verschont,
und von Beliebigkeit geklont,
beruft sich eine Arroganz
als Tänzerin fernab vom Tanz.

Im Tango ihrer Einsamkeit
tritt sie der Künste Spuren breit,
bewundert sich im kühnen Schwung
in ihrer Lebensdämmerung.

Der Stil ist nichtig, nicht das Tun,
auf welchem ihre Schritte ruh'n;
belächelt die, die sie nicht seh'n
und kann doch selbst kaum richtig geh'n.

Doch lebt sie traurig einen Traum:
Das Wirbeln ohne Schand' vorm Schaum;
alleine der Gedanke schmerzt,
wenn Achtung Einfachheit nicht herzt.

Kussloser Schweiß *(von beziehungsloser Emotion)*

Textbausteinfäden verwickeln uns leidig
in sesshaften Frieden der Intoleranz;
wiegen auf glücklichem Marmor gespenstisch
die Mimen der Mienen im feilschenden Tanz.

Abende schmelzen im Glutberg das Funkeln
der kreuzenden Augen zu bleiernem Eis;
Floskel zur Nacht fällt mit Türen in Schlösser,
der Luftzug aus Seufzern in kusslosen Schweiß.

Sprüche

Der Hochmut, der den Anspruch pflegt,
vom Widerspruch wird reingelegt,
denn Zuspruch, der sich nicht erregt,
sich nach dem Freispruch fortbewegt.

Nur Fürspruch aus devotem Geist
mit Einspruch Gültigkeit verheißt,
so dass der Leitspruch nicht entgleist
und unreif Sprüche mit sich reißt.

Menschliche Würde

Menschliche Würde kann niemand entrauben,
nur jene Hoffnung, daran auch zu glauben;
hat jemand Mut, dieses Unwort zu suchen,
schwitzt er das Blut, das die andern verfluchen.

Menschliche Würde kann niemand sich horten,
wenn er bezahlt seinen Standpunkt mit Worten;
wenn er ihn mitführt auf steinigen Wegen,
kann er was anrührt, in Absichten legen.

Menschliche Würde hat jede Umnachtung,
liegt sie auch jenseits der lichten Verachtung;
Sterne, die sterben, erleuchten die Schmerzen,
eh' sie verderben in heuchelnden Herzen.

Im Zentrum

Äste klettern an mir herab,
Kirschen wandern in meinen Mund,
Wiesen streifen sich an mir ab,
Blumen blicken mein Herz gesund.

Wälder wandern durch meinen Gang,
Weiten dringen in mein Gespür,
Bilder laufen an mir entlang,
Horizont liegt ganz nah bei mir.

Flüsse schwemmen das Meer zum Land,
Himmel taucht in die Neugier ein,
alles kommt zu mir her gerannt,
Freiheit bedeutet, Ziel zu sein.

Eichengunst *(von unwürdigen Günstlingen)*

Viele kleine Königreiche
bauen sich um eine Eiche,
um die Triebe zu bedüngen,
mit dem Trieb, sich zu verdingen.

Hoffen auf die Gunst des Baumes,
zu erheben Lust des Traumes
in die Lüfte edler Äste;
Riesen brauchen keine Gäste.

Als sie unten dieses merken,
sie verneinte Kraft bestärken,
doch anstatt empor zu streben,
bleiben sie an sich nur kleben.

Und die Eiche wächst von dannen,
während andere noch planen;
braucht sie Dünger an den Wurzeln,
lässt sie Eichenblätter purzeln.

Von oben *(vom Blick aus dem All)*

Ein Aug' im All sieht den Moment,
den niemand auf der Erde kennt,
weil dieser Niemand nicht erblickt,
worin sich keiner sonst verstrickt.

Im Dunkeln kreist es immer wach
und legt Geheimniskrämer brach,
nach rechts und links, zurück, nach vorn,
Verschanztes geht hinauf verlor'n.

Ob nackt im Garten aufgebahrt,
ob Müll, den man im Wald verscharrt,
ob Hinterhof mit Todesschrei,
ob Hochseeschiffe-Schweinerei.

Ob Reste eines Schicksalsschlags,
ob Gäste eines Hochzeitstags,
ob alles, was nur selbst sich ahnt,
es wird aufs Bild der Welt gebannt.

Wenn jemand die Geschichte schreibt,
die im Moment des Schicksals bleibt,
dann wäre dieses eine Buch
Historie mit Wahrheitsfluch.

Keine Zeit

Tag für Tag schleicht Licht um meinen Horizont,
Nacht für Nacht tut's dies wo jemand anders wohnt,
Land für Land verstreicht vom Gestern hin zum Heut',
Macht für Macht verliert den Sinn für keine Zeit.

Schatten folgt Bewegung immer bis zum Tod,
schlingern mit dem Alter stets im gleichen Boot,
Dasein wird in 'Lauf ums Leben' umbenannt,
doch wer rennt, hat meist sein Leben nicht gekannt.

Zug um Zug - ein Reaktionenspiel im Raum,
was man glaubt, erfüllt allein das Warten kaum,
was geschah, ist immer noch nicht ungescheh'n,
auch wenn sich die Uhren um sich selber dreh'n.

Orte sind ein Fakt der Gegenständlichkeit,
was sie tun, verbraucht nicht wirklich ihre Zeit,
die Substanz entsteht und geht worin sie bleibt,
nicht die Zeit, nur sich allein Substanz vertreibt.

Visionen

Visionen

Noch nie, doch immer.

Noch nie hat je ein Mond gesiegt,
noch nie ein Tag sich angeschmiegt,
die eine Nacht sich überlebt,
das Licht das Munkeln seicht erbebt.

Noch nie verblieb das Augenschwarz,
noch nie des Herzens blut'ger Quarz,
das Stocken tief im Puls der Hast,
der Schauer, der zu schnell verblasst.

Noch nie verglich sich Zeit mit Raum,
noch nie die Wiese mit dem Baum,
der Wind mit wirbellosem Hauch,
der weite Kopf mit stummem Bauch.

Doch immer kehrt der Mond zurück,
doch immer auch der Augenblick,
der Atem, der Gesichter wiegt
und eine Chance, dass Liebe siegt.

Mausoleum

Das Loch im Wald verschluckt den Sinn,
der Geist im Haus kann nicht entflieh'n,
die Fenster stürzen mich zum Mond,
weil drunter grüne Schwärze wohnt.

Ich such das Meer und find nur Baum,
begrenzt das Einfaltslicht mit Raum,
die Jahreszeiten kreisen stumm,
verrauschen die Erinnerung.

Mein stiller Schrei stirbt in der Flucht,
erschlägt mich mit des Echos Wucht,
zerklüftet meinen Totendrang,
der Tag schleicht an der Nacht entlang.

Ein Widergänger ist mein Leib,
solang der Fluch mein Zeitvertreib;
doch führt zurück der Weg hinaus
ins Mausoleum, meinem Haus.

Europa

Wie eine Insel scheint es mir,
umworben von der Außenwelt,
Nuancen malen sein Revier,
das irgendwas zusammen hält.

Der Osten liegt in Differenz
zur Gleichheit und zum Widerpol,
verspürt des Westens Vehemenz,
die Wurzeln niemals kappen soll.

Im Norden liegt die kühle Ruh,
die sich mit Südlichkeit benetzt,
wer in der Mitte sitzt, gibt zu,
dass wer herum kommt, selten schwätzt.

Die Freiheit, die man so bereist,
ist die, woraus die Vielfalt lacht;
wer davon liest und darin speist,
der weiß, was wo Europa macht.

Schwerkraft *(vom Drehen um sich selbst)*

Geschrumpft hat die Freude den Tag in Sekunden,
‚Erlebt' ist ‚Geglaubt', und der Rest ist verschwunden,
die Welt ist so klein und vergisst dann die Leere,
im Mittelpunkt leugnet die Schwerkraft die Schwere.

Dort schachern Gefühle am Rand des Erwachens
um lustlose Grenzen hysterischen Lachens,
als alte Gedanken der eig'nen Erkundung
ganz ohne Verhandlung verzehren die Stundung.

Die Mitte sitzt immer noch tief im Vergessen,
doch hat sie sich wieder zum Rand hin vermessen
und darf sich am Ende sich selbst überlassen;
umkreist ihren Schwerpunkt mit Fliehkraft der Massen.

Toter Teddy *(von der Verlassenheit)*

Wenn mich der Schein trügt,
schlaf ich so gerne mit totem Teddybären ein;
dort, wo ein Stern fliegt,
hör ich sein Brüllen mir Herzensmelodien schrei'n.

Kurz hinterm Dämmern
schluck ich die Pfote, die mir das Atmen schwerer macht;
geißelt das Hämmern,
bis es mir Güte in mein Verzweiflungsgrinsen lacht.

Wenn ich erwache,
lebt er schon wieder und bewirft mich mit neuem Tag;
denn seine Sprache
spiegelt das Schweigen, das ihm ja nie so richtig lag.

Untot

Ich sehe das Jahr zu Beginn schon verrinnen,
die Tropfen zermürben die nackte Vision;
nach außen Gekehrtes verdrängt mich nach innen,
betrügt mich und trägt die Erwartung davon.

Die Untoten scheinen, die Welt zu beleben,
begrabene Trauer des Herbsts nie bedacht;
wie alles versank, muss sich alles erheben,
das Blut hat das Fleisch, um zu bluten, gemacht.

Aus knochigem Eis wächst der Moder zusammen,
den Gräbern entspringt ein bizarres Geflecht;
schon zeugen Gerippe von altem Verdammen,
das Wissen scheint falsch, denn Gefühle sind echt.

An Wohligkeit jener verfaulten Gefährten
erinnert der wuchernde Niedergang kaum,
viel eher an die, die dem Leben verwehrten,
zu blüh'n unterm moosig verrottenden Flaum.

Ich spür das Versinken im Spuk des Erwachens,
umgarnt von den Fetzen aus feuchtem Gespinst,
es dringt infizierend in Lücken des Lachens
und flüstert in Poren: Gib zu, du verrinnst.

Als einer von ihnen beschleich ich die Nächte,
um tags die Verneblung der Zeit zu besteh'n;
ich kann nicht umhin, auch wenn ich es gern möchte:
Muss warten, bis Geister zu Wesen vergeh'n.

Falsche Rücksichten (ein Traum)

Er hat im Traum mich drangsaliert,
gespukt um mich im Unverstand,
er hat mein Leben phantasiert
als Widersacher seiner Hand.

Er hat mir Eis ins Bett gelegt
und alle Fenster aufgemacht,
hat wilden Zorn in mir erregt
und sich Zerstörung ausgedacht.

Er hat mein Flehen nicht erhört,
sich meiner Ordnung zu entzieh'n,
war schließlich selbst galant empört:
Er liebe mich und ich nicht ihn.

Dann hing er da, war aufgeknüpft,
sein Hals war lang, die Augen groß,
ein Schatten ist umher gehüpft
und stellte meine Unschuld bloß.

Er tat es selbst, ein Hilfeschrei,
so nimm ihn ab, er lebt ja noch;
oh nein, für mich ist das vorbei,
ich rette nicht mein eignes Joch.

Als ich noch mal nach hinten schau,
bemühen sie sich arg bedrückt;
so fett und hilflos und so grau -
zu retten ihn, ist nicht geglückt.

Krebsgeschwür der Galaxie *(vom Größenwahn des homo erectus)*

Ein Krebsgeschwür der Galaxie,
des Menschen Unbarmherzigkeit,
entartet in der Harmonie,
verkapselt ist ihr Richtungsstreit.

Die Infektion geschah sehr spät,
als alles fast beendet war;
was jetzt aus Fugen noch gerät,
begradigt irgendein Pulsar.

Zum Streuen eitler Ewigkeit,
entsteht ein Metastasenplan,
der sich auf Gottes Kniefall freut;
moderner Pharaonenwahn.

Die Heilung birgt die Ignoranz,
auf die Gestirne sich versteh'n;
die All umfassende Distanz
verkürzt kein aufpoliertes Gen.

So wuchert ein Planet sich wund,
verwünschend seinen Lebensraum,
die Zeit schleift die Gefilde rund;
gelöst verflüchtigt sich der Traum.

Ausgeschöpft *(vom Hohlspiegel der Illusionen)*

Mein ausgeschöpftes Feistgesicht,
ein Hohlspiegel der Illusion;
sie zehrte, nein sie fraß das Licht,
spie Schatten durch die Reflexion.

Gevöllte Unerreichbarkeit,
ein übersattes Spiegelbild,
hielt immer Appetit bereit,
mein Überschaum war stets gewillt.

Doch Kannibalen aus dem Geist
verspeisen nicht nur mein Gehirn,
sie wähnen sich verbissen dreist
als Götter auf der wuslt'gen Stirn.

Hindurchgefressen durch die Wut,
das viel zu viel genug nicht war;
bricht auf die unverdaute Brut
und plündert den Gefühlsaltar.

Die große Suche

Jedes Wesen ist die Beugung
einer Ansicht aus dem Tod,
in milliardenfacher Zeugung
reflektiert sie seine Not.

Mit dem Mosaik aus Blicken
setzt das All die Welt ins Bild;
nichts geschieht aus freien Stücken,
hat es sich erst eingespielt.

Um den Zwängen zu entgehen,
produziert es immer mehr;
mit dem Ziel sich einzusehen,
sucht es nach dem freien Seher.

Reflexionen spiegeln weiter,
doch der Brennpunkt geht verlor'n,
alle fühlen sich gescheiter,
nur das Eine ungebor'n.

Einzig alle Zeit setzt Grenzen
als ein Feind der Ewigkeit,
denn die Forscher der Sequenzen
enden vor der Einigkeit.

Sonnenpopanz

Seht nur den Kern,
wie er sich windet
in seiner Wolke
aus noch renitentem Staub.
Glüht als ein Stern,
der doch nicht bindet
schlackige Molke,
einer Beute für den Raub.

Brennstoff verpufft
zum roten Riesen
verzehrter Allmacht,
bis kein Korn der Wahrheit bleibt.
Geifernd er ruft
ins Endverdrießen
nach Lob für Zwietracht,
die sich aus dem Innern treibt.

Stößt bald ins Nichts,
um zu verkümmern,
im Rückzug leidend
als verbittert kalter Zwerg.
Abklatsch des Lichts
aus Schattentrümmern,
Aufruhr vermeidend,
säumt das All mit kleinem Werk.

Asbest *(vom Ver- und Mitbrennen)*

Er sticht in seine Blasen,
die die dünne Haut zerfetzen;
es laufen aus die Phrasen,
die ihn brennen und verletzen.

Entzündung aus dem Mute
droht Verstümmelung zu wahren;
dem Hässlichen zu Gute
kommt der Spott verhübschter Narren.

Der Zorn verschrumpelt weiter,
denn das Feuer will nicht kühlen,
und gäbe er sich heiter,
dürfte er doch nicht drin wühlen.

Wer ungern den Asbest fraß,
um der Hitze kalt zu schmeicheln,
den straft das pure Giftgas
aus dem ausgekochten Speicheln.

Es züngelt schon so lange
dass die Zungen längst gegart sind,
und keiner ist mehr bange
vorm Verzundern durch den Fahrtwind.

So bleibt ein Kohleklumpen
um ein Herz, das sich verwehrt hat,
zurück im Qualm der Lumpen,
deren Fleisch ums Herz sich schwer tat.

Schlafwagen *(vom Verschlafen im Zug des Lebens)*

Am letzten Standpunkt
hat die Kopfdraisine
sich in alten Zug ergossen,
weil die Nebenstreckenlinie
Weichen in die Zukunft schossen.

Die alte Dampflok
zieht noch immer endlos
Schlafwagons mit Schaffnerrüden,
nicht so schnell, wie durchs Gehirn schoss,
um den Glauben zu ermüden.

Erschrocken, heiter
heißen mich willkommen,
die dem leichten Schlaf erliegen,
und sie schenken mir benommen
einen Platz zum Unterkriegen.

Verpuffte Schwaden
streifen Fensterskizzen
aus der Zeit, als Kontrolleure
zwischen ihren Gästen sitzen,
Vorbild für die Staubcharmeure.

Nun im Dämmern,
zeugen Mondgesichter
von verlassenen Domänen,
und auch meine letzten Lichter
lernt der Nachtwächter nicht kennen.

Koordinatenhybris *(von der punktuellen Unwichtigkeit der Welt)*

Nichts weiter als ein kurzes Jetzt
- vielleicht auch lang bei Tageslicht -,
hat sich als Uns in Gang gesetzt,
ein Vorwärts gibt's im Schlagloch nicht.

Die Ordnung schickt das Chaos aus,
umrundet jenen kleinen Punkt,
so oft, und doch nicht mit Applaus,
er ist nur in den Stoff gefunkt.

Derweil wir zählend uns versteh'n,
ist alles da, wo's hingehört,
es ist mit uns und in uns drin,
was wir versuchen, nirgends stört.

Koordinatenhybris steckt
das Loch im Massenzeitraum fest;
es wird wahrscheinlich nie entdeckt,
weil es dem Raum die Zeit nicht lässt.

Das letzte Licht

Ein letztes Licht scheint durch die Nacht,
es wurde niemals ausgemacht;
aus Angst, zu finden, was verging,
versuchte einer, nicht zu flieh'n.

Die Welt, das Land und auch die Stadt
verschlossen Augen und war'n satt,
das Haus der Garten und der Weg
verschluckten jeden Lichtbeleg.

Ein Schatten flog an ihm vorbei,
ein Echo aus dem letzten Schrei,
nicht eine Reflexion als Chance;
der Wahn verschleppte ihn in Trance.

Als er dahinschied ohne Hass,
ein Wort auf seinen Lippen saß:
‚Lass Liebe diesem Platz gescheh'n';
das letzte Licht - im All zu seh'n.

Mitten in der Nacht *(vom Verschlafen)*

Es ist mitten in der Nacht,
als ich aus meinem Schlaf erwache,
irgendetwas hat gelacht,
jedoch es kann mich noch nicht seh'n;
alle Wolken ziehen sacht,
und keiner bringt etwas zur Sprache,
es ist mitten in der Nacht,
zum Glück, es ist ja nichts gescheh'n.

Es ist mitten in der Nacht,
die Uhr steht still und fesselt Träume,
doch ich fürchte ihre Macht,
zu vorenthalten mir die Zeit;
ich hab viel zu viel gedacht,
dass ich vielleicht etwas versäume
und die Mitte meiner Nacht
sich ohne mich zum Tag befreit.

Es ist mitten in der Nacht,
belügt das Grab mich in der Sonne,
bin inzwischen neu erwacht,
um endlich Träume anzuschau'n;
doch es legt sich der Verdacht
in meine zeitenlose Wonne,
dass in Mitten jener Nacht
ich ganz vergaß, dem Licht zu trau'n.

Das große Beben

Ein Weckruf wie seit eh und je,
und doch Routine mit Verdacht,
ich schau mich um und find kein Weh,
vermutet in des Friedens Macht.

Die Straße fließt dem Volk voraus,
die Vögel kreuzen unterm Blau,
ein Hund streunt sich die Unruh' aus,
vertrauter Babyschrei klingt flau.

Sekunden blitzen den Moment,
euphorisch fürchtet niemand nichts;
das Unbewusste Amok rennt
zum Vogelruf des starren Lichts.

Dann deckt die Stille alles zu,
ein Wasserhahn tropft leicht beschwingt;
ich horch noch einmal in die Ruh,
bevor die Erde mich verschlingt.

Der letzte Mensch

Entsetzt aus meiner Innenwelt,
erkennt mich nun der Tag nicht mehr,
kein Kennwort mich zur Rede stellt,
die Netze sind so menschenleer.

Antennen ragen durch den Raum
und tote Drähte aus der Wand,
im weißen Rauschen grient ein Traum,
ach käme es doch über Land.

Die Fenster sehen einsam aus,
mit Kreuzen vor dem Straßengrab,
ich male ein Gesicht hinaus,
dem vorher niemand Bilder gab.

Die Stille knackt den Zeitverlauf,
versetzt die Phasen im Gehirn,
was statisch war, bläst Geister auf,
Bewegungen in Starre irr'n.

Aus Schlössern floh der Schutzpatron,
kaschieren nur den Trennungsschmerz;
ich dreh hinein zur Nacht den Hohn,
der morgens einzig sucht mein Herz.

Bipolar *(von Manie und Depression)*

Im Punkt, vom höchsten Glück umringt,
zerfällt das Licht ins Ungetüm,
wenn ein Gedankenfunke springt
und raubt den kurzen Rückgewinn.

Verzerrt im toten Raum das Lot,
sein Panorama expandiert,
es war schon Ewigkeiten tot,
hat sich nur kurz vital zentriert.

Im freien Fall der Emotion
ist jede Lage wie ein Schlag:
Kein Wort, kein Schrei der Sensation
den Krampf im Kauern zeichnen mag.

Bann des Aufbruchs

Eröffnet sich im Tuch der Zeit
ein Spalt ganz ohne Wirklichkeit,
ist das Bewusstsein wie ein Tor,
vor welchem sich die Angst sieht vor.

Getraut man sich, hindurch zu seh'n,
bleibt man von selber selten steh'n;
wer dann dem Sog entkommen kann,
den zieht kein Aufbruch in den Bann.

Relativ

Das Mittelalter hinter uns
erscheint uns nur im Dunkeln,
weil hinterm Licht nach vorn
Pupillen klein von Zukunft munkeln.

Sprengstoff *(von geistlosen Verpuffungen)*

Ab und an verglüht
ein weiteres Stück Hirn
im intellektuellen Schutzverband.
Selbstverliebtes Lied,
auf prall gefüllter Stirn,
im Wissensschweiß so hirnverbrannt.

Leicht entzündlich sprüht
die Lunte ihren Zwirn
zum Sprengstoff aus dem Unverstand.
Der verpufft verfrüht
in Köpfen, die nicht spür'n,
dass alle sind längst fortgerannt.

Wolke sieben

Ich sitz auf Wolke sieben
zwischen Himmel und der Hölle;
nicht Himmel wird mich lieben,
weil das Üble ich verstelle.

Ich weiß um Falsch und Richtig,
denn Bequemlichkeit kennt Ziele;
das Innen ist nicht wichtig,
weil ich Weichheit außen fühle.

Die Wolke schwebt nach oben,
nur zum Schein auch mal nach unten;
im Schlaf kann ich mich loben,
hab das Sein im Schein gefunden.

Erwache dann im Fallen,
denn die Wolke ist zerflossen;
das Wolke-Sieben-Prahlen
hat mein Gut' und Bös' zerschossen.

Die weiße Taube

Im Wipfel sitzt der letzte Stolz
nach jahrelangem Kampfeszorn,
noch trägt das Weiß das alte Holz,
es hat den Kampf schon fast verlor'n.

Der Blick versucht weit überm Land,
die ferne Hoffnung zu versteh'n;
darunter zehrt das Blut im Brand
am Willen, endlich doch zu geh'n.

Die schwarze Feder, tief im Leib,
ein Dolchstoß im Fanalgefecht,
gezeichnet durch den Blutvertreib
aus einem anderen Geschlecht.

Noch scheinen Flügel stark genug,
sie schlagen leere Kräfte frei;
darunter bricht der Endfeldzug
den ersten Ast im Baum entzwei.

Verloren ist die Reinheit lang,
doch wenn sie um sich selber weint,
entspricht sie schwarzem Freiheitsdrang,
der sich mit ihrem Rest vereint.

Es schmerzt noch einmal jener Streich,
wie auch der Schicksalsbruch im Stamm;
im Zögern wird die Liebe weich,
dann greift die weiße Taube an.

Dichters Labyrinth

Eine Laufschnur aus Gedichten
führt durch Dichters Labyrinth;
folgt man ähnlichen Geschichten,
sie doch nie der Schlüssel sind.

Wenn sie sich aufs Wort auch gleichen,
eine Spur in ihrem Schwung
setzt der Herkunft schnell ein Zeichen,
führt zur Dichterdämmerung.

Alle Verse bilden Glieder
ihrer Ahnen aus dem Geist,
fließt wie Erbgut aus der Feder,
die die Intension verheißt.

Ist die Tinte noch nicht trocken,
ist man nah am Urgefühl;
kann sie ausgebleicht noch locken,
weiß man, was der Dichter will.

Der Visionär

Der Visionär ist ein Gespenst
in einer Wahrheit ohne Ziel,
wenn er Gedanklichkeit begrenzt
auf das, was keiner wissen will.

Doch findet er ein Korn darin,
an dessen Wachstum er sich misst,
wird man ihm bald das Feld entzieh'n,
indem man seine Früchte frisst.

Eingekreist

Wir warten auf die Nachricht,
die die Fremde offenbart
und ziehen um die Ansicht
eine Grenze, die erstarrt.

Markiert das Reich des Raunens
als der Weisheit letzter Schluss;
die Welt des wahren Staunens
sich erst Lob verdienen muss.

Der Argwohn zieht so Kreise,
welche nichts verzerren kann;
die Neugier fühlt sich weise
beim Entgraten ihrer Bahn.

Wir wollen gar nicht wissen,
was das Unbekannte will;
der Wunsch, den wir vergießen,
hat sich selber nur Ziel.

Worauf ist schon zu harren,
wenn man dort bleibt, wo man träumt;
wen interessiert nach Jahren,
dass er selbst sich hat versäumt?

Sterne driften

Der Himmel ist ein Fenster
in die Nacht der Ewigkeit,
das Licht der Taggespenster
einen Blick ins Dunkel scheut.

Und wenn die Sterne driften,
stößt mein Auge tief ins All;
es will den Punkt beschriften,
der es zwingt zum freien Fall.

Ich fühle diese Nähe
nur im Fliehen meiner Sicht,
doch was ich schwarz erspähe,
ist nur Antwort aus dem Licht.

Doch stürz ich immer weiter,
alle Sterne sind vorbei;
das Nichts ist mein Begleiter
wie ein Loch um einen Schrei.

Schon fürchte ich die Strafe
für den unerhörten Schmacht,
verlangt, dass ich entschlafe,
eh' Gewissheit Ruhend macht.

Da trumpft mein Herz noch einmal
mit der Rhythmusstörung auf
und schickt den Schuss zum Urknall
wieder rückwärts in den Lauf.

Aberglauben

Mich wieder einmal selbst bespitzelnd,
verliere ich den Mut zu wissen,
dass Gespenster meiner Schlösser
unbeseelte Leiber sind.

Zwar bitterernst darüber witzelnd,
muss ich die Vorherrschaft genießen,
die Wahrhaftigkeitsvermesser
gaukeln vor dem Mann im Kind.

Erschöpft nach wiederholtem Fragen,
kann ich doch nicht von ihnen lassen,
muss dem Aberglauben dienen;
Rituale meiner Not.

Werd ich den Sieger jemals schlagen,
wenn ich verlerne ihn zu hassen
und die Oberhand gewinnen,
die das Kind mir immer bot?

Nachtrealität

Schlafe ein wie jeden Morgen
in die Schlagkraft meines Tags,
war schon müde von der Tiefe
meines nächtlichen Verschlags.

Sinke in die pralle Sonne,
ruhe mich im Tosen aus,
kuschle mich in laute Wonne,
jeder Schreck ein Seelenschmaus.

Atemtief, die Sucht durchs Leben,
süßer Traum aus Tageskrieg,
meine Ruhe liegt im Beben
bis zum abendlichen Sieg.

Drehe mich noch ein paar Runden,
ganz vergessen in der Welt,
dann erwache ich nach Stunden
in der Nacht, die mich entstellt.

Zeitenwenden

Zeitenwenden

Zeit für Unschuld

Für jene, die glauben,
ist alles zu spät;
nach solchen, die rauben,
ein Hahn nicht mehr kräht.

Es bleibt nur das Erbe
aus dreistem Begehr;
zu leicht reißt die Scherbe
die Schuld aus dem Heer.

Denn alle entbehren
die Lüste nicht gern;
was einem bringt Ehren,
lässt andere zehr'n.

Von Unschuld erbeten,
ein Kind nur im Wind;
ich wünsch dem Planeten
dass dies sich entsinnt.

Betrachte

Betrachte Schätze, die du hast,
betrachte Unschuld, die sie gab,
betrachte Kinder unsrer Last,
betrachte ihrer Worte Grab.

Betrachte, was Natur erlaubt,
betrachte, was sie wieder nimmt,
betrachte, was noch nicht entraubt,
betrachte, wer Gebete mimt.

Betrachte Fragen alter Zeit,
und dann betracht' das Morgenrot,
betrachte was die Antwort schreit,
betrachte handverles'ne Not.

Betrachte jede kleine Chance,
betrachte Spiegel deiner Sicht,
betrachte feige Unbalance
und schließlich Leichtigkeit der Pflicht.

Winterschluss

Nur ein Kristall fällt noch hinab,
begleitend einen Regenguss,
er schließt den letzten Schneefall ab,
der Winter macht letztendlich Schluss.

Vom Horizont kein Frühling springt,
die Flocke schwebt durchs Niemandsland;
als Wind durch Tür und Fenster singt,
verstirbt sie blass auf meiner Hand.

Ich schau und finde mich nicht ein,
die Zeit verweht Vergangenheit,
es müsste noch mal Gestern sein,
zwar kalt, doch hielt es sich bereit.

Noch ist das Morgen keine Wahl,
das Warten heut schon zu verzier'n:
,Nichts tun und lassen' bleibt die Qual,
um mich im Prasseln zu verlier'n.

Neuanfang

Am großen Wasser steh' ich nun
und treibe meine Furcht hinein,
das Land hat Zeit, sich auszuruh'n,
doch wird es mir wohl nie verzeih'n.

Die Spur am Strand vollführt den Schnitt
der meine Risse endlich macht,
Gedanken pflügen jeden Schritt,
der linke weint, der rechte lacht.

Als teilte ich mein Herz entzwei,
zerbricht der Sonnenaufgang schwarz,
der Sonnenuntergang schwemmt frei
den andern Teil vom Lebensquarz.

Mit diesem halben Tod in mir,
und einer Hoffnung, die noch pulst,
verwehrt der Sog die Wiederkehr,
spült Wasser um der Knöchel Wulst.

Das tiefe Ende macht mich frei,
ich reiche meine Hand ins Licht,
es läuft voraus, ich sink herbei,
am Anfang wird es meine Pflicht.

Der erste Sturm

Das kahle Holz ist grau vergrämt,
es ächzt sich durch den ersten Sturm,
die Felder scheinen wie gelähmt,
und in der Milde steckt der Wurm.

Ein Vogel malt am Firmament
wie eine Feder ohne Ziel,
die Leinwand ist nicht permanent,
verschleppt die Zeichnung samt dem Kiel.

Nur leichte Tönung schreckt das Bild,
das im Schwarzweiß die Lust verliert,
sie wirkt durch Windes Tränen wild,
in Opportunität verirrt.

Der Weg bezwingt noch den Elan,
erschleicht sich trübe Sympathie,
zu unstet schlängelt er voran,
verunglimpft Trott mit Harmonie.

Ich schleif den Eindruck mit nachhaus'
und leg ihn mit dem Mantel ab,
dann zieh ich mir die Kälte aus,
behalt die Wärme, die sie gab.

Lebensadern

Die Weiden verschleppen die Last meiner Beine,
und Schritte zerwerfen die Melancholie,
ich löse den Schweinehund von seiner Leine,
er läuft mir davon, da ist nichts, was ich zieh.

Entfernt hör ich Stimmen, sie sprechen in Zungen,
die Stille davor war ein Wächter der Zeit,
die Blätter versprechen den fliegenden Jungen,
dass nichts ihr Zuhause von Farben befreit.

Der Himmel alleine bezwingt Horizonte,
ich weite sie auf mit dem Blick in die Welt;
das stochernde Sichten, für das sich nichts lohnte,
hat Trauen als Schauen aus Tunneln gepellt.

Gesicherten Mutes verlass ich die Route,
verquert war das Straucheln durch knöcherne Pflicht;
der Weg ist die Ader, durch die ich nun blute,
zum Herzschlag des Geistes im lebenden Licht.

Morgenmond

Im Baum hängt noch der Mond der Nacht,
hat sich durch Zweige rar gemacht,
verschlafen träumt er in den Tag,
als ob er dort verbleiben mag.

Die Poesie aus seinem Lied,
die mit den Sternen früh verschied,
verklärt Begrenzung hellen Raums
mit sanftem Abschied jeden Traums.

So harrt er aus für den Moment,
im Augenblick die Weite rennt,
das Nest allein fixiert den Blick
und drängt den Gast ins Licht zurück.

Er streift die Äste als er geht,
zur Wiederkehr ist's noch zu spät,
erst als der Tag die Erde schont,
er sich erneut zur Nacht hin sonnt.

Jahreszeitenkampf

Als das Licht durch Himmel stach,
verzehrte sich die kalte Nacht;
durch die Wolken Sehnsucht brach,
umringt von aufgeriss'ner Macht.

Vor mir lag die alte Welt,
vertieft in meinen starren Blick;
blendend unterm Himmelszelt,
das Schwarz auf seinem Weg zurück.

Gleißen flößt mir Furcht noch ein,
als dieses die Gewölbe sprengt,
wie auch lang vertrautes Sein
mir Angst macht, dass es sich verengt.

Fühl mich ausgeliefert frei,
verstoßen und noch nicht gewollt.
Bricht Geborgenheit entzwei,
im Streite darum, wer mich holt?

Noch erleb ich nur das Bild,
mein Abseits lässt nicht Zeit herein,
dann Gewissheit, die mich stillt:
Ich war nie fort, nur kurz allein.

Liebesgarten

Mein Herz hat sich im Liebesgarten
einer Blüte anvertraut,
errötet durch sein stilles Warten,
hat sie ihm lang nachgeschaut.

Es schien im Blumenmeer verflossen,
nur durch Frühlingsliebelei,
den Regen hat ihr Leid vergossen;
wer stets sucht, ist nicht mehr frei.

Schon neigte sich der Traum dem Ende,
durch die Zeit der Gunst geblüht,
da nahm das Schicksal seine Wende,
denn das Herz war nicht verglüht.

Es pochte nur durch eine Fülle,
aufgeheitert durch das Glück,
doch unter leicht beschwingter Hülle
schaute heimlich es zurück.

Nun schenkt es seine wahre Röte
einer lang verehrten Glut,
es spürt die Treue ihrer Nöte
schließlich aus gefasstem Mut.

Wiederkehr

Wenn heute Licht die Schatten spaltet,
zugezogen vor der Nacht,
dann trau ich mich, hindurch zu fragen,
ob es wieder mit mir lacht.

Wenn morgen Wünsche wiederkehren,
die der Sturm einst fortgeschickt,
dann heiße ich den Wind willkommen,
der sie durch mein Fenster drückt.

Wenn übermorgen Farben suchen,
die die Vorhut mir verspricht,
dann stelle ich mich vor den Spiegel,
und ich mal mir ein Gesicht.

Die erste Zeit *(vom Auftauen)*

Im winterlichen Abendrot
erstarrt der angetaute Tag,
sein Fluss, ein kleines Angebot,
das die Veränderung vermag.

Nun friert er in den Horizont,
ein Stückchen Neuland eingestreut,
er hat sich im Moment gesonnt
und hier und da etwas befreit.

Entsperrt und wieder eingepfercht,
die Unumgänglichkeit im Zaum;
wo scheinbar noch Verbannung herrscht,
liegt erste Zeit im frischen Raum.

Strom der Zeit

Der Lavastrom der Zeit
verbrennt die Welt,
erstarrt in der Vergangenheit.
Die Kargheit ist bedroht
im Aschefeld,
auf dem Erinnerung verroht.

Die Gegenwart verglüht
am Scheidepunkt
von kaltem Strom und dem was blüht.
Sie scheint bedeutungslos
in Stein getunkt
als ein Fossil in Gottes Schoß.

Doch Zukunft stets verweilt
vorm Hintergrund,
der unbemerkt nach vorne eilt.
Streut Samen in den Fluss
als Lebensbund,
der Gegenwarten finden muss.

Noch ist Dezember

'Noch ist Dezember', find ich mich,
ein Kleinod meiner letzten Welt,
noch lebt die Zuversicht an sich,
auch wenn sie scheinbar nichts mehr hält.

Der Abgrund in die neue Zeit
vor bodenloser Freiheit gähnt;
dort drunten hält sich nichts bereit,
was sich hysterisch nun erwähnt.

Mein Umstand fühlt die Relevanz
und stopft sie mit Momenten voll;
gezählte Schritte sind ein Tanz,
dem morgen ,Gestern' folgen soll.

Ich fühl mich frei mit einem Mal,
als ich mir selbst das Leben schenk,
ein Gipfel zwischen Tal und Tal,
den ich unendlich lange denk.

Abrupt und doch gewissentlich
zerfließt das Hoch ins Feuerwerk;
schon ist Dezember lächerlich
und ich … schon wieder übern Berg.

Winterfurcht

Unterm Abendrot
beseufzt die Müdigkeit das Licht;
nicht der Winter droht,
es sind die Fragen im Gesicht.
Hab das Land gespürt,
doch fühlt es sich nun einsam ein;
wird der Frost, der klirrt,
auch meiner Stimmung Schicksal sein?
Fand den Sommer warm,
auch wenn die Kühle ihn umwarb;
sie verlieh im Charme,
als seine Sonne niemals starb.
Jeder neue Tag
war stets ein Teil der alten Nacht;
wenn ich ihr erlag,
hat sie den Traum nie fort gebracht.
Auch das erste Blatt,
das tänzelnd seinen Baum verließ,
war noch immer satt,
weil kaum ein Strahl durch Fülle stieß.
Nur die Schattenwand,
die schleichend meinen Nacken traf,
fraß sich durch das Land;
aus Dämmern wurde langer Schlaf.
Nun erwach ich müd',
versuch den Morgen zu versteh'n;
will, dass was geschieht,
doch scheint dies keine Not zu seh'n.
Frag den Horizont:
Wo trägst du meine Lichter hin?
Als er sich betont,
lässt er sie in die Hoffnung zieh'n.

Im Weiß verstummt *(von winterlicher Ruhe)*

Im Weiß verstummt, das Grau und Grün,
ein Tuch für letzter Tage Streit,
ein Augenblick, um still zu steh'n,
hat überwunden jede Zeit.

Doch was ich brauche, lebt in mir,
das pure Sein ist Evidenz;
fernab von ehrgeizloser Gier,
erfühle ich die Permanenz.

Geschichtenlos des Fortgangs Schlaf,
Gedanken sind nicht mehr vereint,
Bewusstsein kennt, was ich nicht darf,
es lässt mich fühlen, was es meint.

Vor Seufzern hüte ich mich still,
die Eifersucht zerstört die Chance;
ich keine Zukunft fragen will
in nicht zu kaufender Balance.

Festliches Wuchern

Es knackt das Eis
die Wahrheit in Zwänge,
es backt der Fleiß
Adventszeit an Strenge.

Es flockt der Schnee,
beschichtet den Schimmer,
es hockt das Weh,
verpflichtet wie immer.

Es stillt das Kind
Begierde im Trüben,
es quillt der Spind,
die Zierde zu üben.

Es liebt den Mann
die Frau um den Finger,
es gibt ihm dann
den Weltschmerzbezwinger.

Das Fest ist's statt
beim Schallen der Glocken,
es wird aalglatt
beim prallen Frohlocken.

Es zapft der Tau
am Ende der Liebe,
es stapft sich schlau
die Wende der Triebe.

Wettergötter außer Rand und Band

Die erste Flocke findet Mut
zu bleiben etwas länger,
ich glaub zwar nicht, dass sich was tut,
doch wird der Winter strenger.

Die Kinder hofften bang und lang
im grauen Stimmungsharren,
seit Heiligabend kein Gesang,
die Jahreszeiten narren.

In alberner Sylvesternacht,
war Wetter ein Verdünner,
das, was am Himmel hat gekracht,
war kaum ein Neubeginner.

Die alten Wolken, nah und fern,
als Frühling uns versetzte,
gebar sich nur als Möchtegern,
der Frost in Nasen ätzte.

Doch nun sind Flocken endlich weiß,
und heilig Vögel singen,
verwässert hell fehlt Sommers Schweiß,
weil Wettergötter spinnen.

Überlappen *(vom Verschütten der Momente)*

Verloren sind die Mühen
aus den rasend schnellen Werken;
die Artefakte blühen,
können sich jedoch nicht stärken.

Momente übertrumpfen
alte fest geglaubte Dauer,
doch müssen sie versumpfen
unter neu'ren auf der Lauer.

Die Haut der Zeit wird fetter,
jede Schicht verharrt im Schweigen,
was oben liegt als Retter,
wird vermodern unterm Steigen.

Fossile alter Jahre
sind die Träume, die nicht brennen,
die Angst vor ihrer Starre
lässt die Menschen sich verrennen.

Herbstflucht

Herbstlich dämmert das Sinnieren,
Sonnenauge spielt Vertrauen;
Jets, die sich im Flug verlieren,
lassen Dunkelheit auf Auen.

Eifersucht als Lebensfrage,
als das Lebenslicht verschwindet,
und der Feuerball kerbt Tage,
wo sich Horizontangst findet.

Kalt zieh'n Blicke ins Verlassen,
treffen keine Kreuzungsfunken;
die geflüchtet sind aus Gassen,
mich in ihre Sehnsucht tunken.

Tag für Tag, erwacht Besinnung,
Flug für Flug, lässt mich ermatten;
das Umrunden dieser Stimmung:
Chance und Käfig langer Schatten.

Des Jahres Flaschenhals *(von herbstlicher Stimmungsverengung)*

Unter einem Strauß aus Wolken
hat das Leben sich geschält,
schimmert nackt im Fleisch des Gartens,
taucht hinab zur Unterwelt.

Über Gräbern ruht der Glaube,
durch die Straßen sucht er Mut,
nur im Schimmer letzter Strahlen
schleicht am Mittag golden Glut.

Weiche Schatten schwemmt der Nebel
zwischen Nächten hin und her,
schmelzen ihre Silhouetten
in das endzeitliche Meer.

Melancholisch tropft die Stimmung
durch den Flaschenhals im Jahr
und zerläuft in die Besinnung,
dass da kommt, was einmal war.

Herbstrendezvous

Aus Rot und Gold, ein Rendezvous,
ein Tor durch heimliche Alleen;
die Flucht der Bäume ruft uns zu,
den Blues in sie hinein zu sehn.

Entlang der fallenden Natur,
die Flocken später Sonne streut,
verlier'n Sekunden jede Uhr,
vergrößert durch die Einsamkeit.

Der Nebel atmet warmen Hauch
und schenkt ihn der Melancholie,
sie kehrt zurück in unsern Bauch,
verschmerzt der Zweige Agonie.

Die Silhouette um das Herz,
verschmelzt das Denken mit der Sicht;
Philosophie steigt himmelwärts,
schickt Seelen durch das Augenlicht.

Zur rechten Zeit am rechten Ort,
verinnerlicht, das Temperament;
ein Windspiel trägt die Stille fort
zur Dämm'rung, die uns beide nennt.

Unfrucht

Es liegt der Sturz des Jahres
schwer auf Tagen ohne Not
und widerlegt das Leichte,
das Salamitaktik bot.

Vergänglichkeit ist heilsam
als ein Rinnsal durch die Zeit,
nur Stolpern in Momenten
hier und da den Schmerz befreit.

Nun liegt es uns zu Füßen,
ob in Scherben oder nicht;
wir dann erkennen müssen,
wenn das Licht sich nicht mehr bricht.

Im Dunkeln hält die Sehnsucht
eine Wacht, die tückisch ist,
wenn Fallobst nicht als Unfrucht
sondern Zuckerguss sich misst.

Niemals fort *(von der Sehnsucht nach der Heimat)*

Zerlaufen ist mein Liebeslied
in Strophen ohne Zeilen;
ich suche nur, was vor mir flieht,
kann nicht darin verweilen.

Es hatte einst das Angesicht
der Stimmung des Entsinnens,
mit schneller Zeit verflog das Licht
im Sog des Landgewinnens.

Nun finde ich die Melodie,
doch hallt sie kaum noch wider,
das Echo meiner Sympathie
verschlucken neue Lieder.

War niemals fort und bin nicht dort,
sonst würde ich nicht singen
von meinem heimatlichen Ort,
auch wenn er muss verklingen.

Trauben

Im Geist der Traube steckt die Frucht,
die meine Lust darauf versucht,
versprießt gesund sich in den Saft,
aus dem der Wein schöpft seine Kraft.

Als pralle Wonne späten Lichts
vergibt sie sich im Nebel nichts,
zur Fruchtbarkeit im Tau zu steh'n;
lässt Farbenspiel spazieren geh'n.

Verschreibt sich als ein Lohn der Zeit
aus Gunst der Jahreszeitlichkeit;
verlängert einen Sommertraum,
um Brücken über Tiefs zu bau'n.

Und als die Ernte sie gewinnt,
das Vorjahr schon in Gläser rinnt,
verspiegelt seine Blume rot
zum Herbstkamin beim Abendbrot.

Herbsttropfen

Umgarnt von jenem Einheitslicht,
erspüre ich der Tropfen Pflicht
zur Ausgeburt der Fruchtbarkeit,
die dennoch keine Frucht verleiht.

Das Suchen nach der Farbe schielt
dorthin, wo noch ein Falter spielt,
verflüchtigt sich im letzten Gruß,
weil er die Welt neu finden muss.

Die Luft malt Wellen in mein Haar
und macht die Einheit mir gewahr,
aus der ich nicht entrinnen kann,
wie vorher - doch nun näher dran.

Begebe mich nach Haus, nicht fort,
mein Fenster sich ins Grau verbohrt,
entwöhnt mich von der Unnatur,
auch dieses Bild ist Leben pur.

Das Grau als Grau gesehen bleibt
ein Bild, das keine Blüten treibt,
doch dies beleuchtet auch den Tag,
was ich als Farbe sehen mag,

… und akzeptier ich seine Pflicht,
erhellt es schließlich Schwarz mit Licht.